Histoire d'une âme

Thérèse de Lisieux

Copyright © 2022 by Thérèse de Lisieux

Édition : BoD – Books on Demand, info@bod.fr

Impression : BoD – Books on Demand,
In de Tarpen 42, Norderstedt (Allemagne)

Impression à la demande

ISBN : 978-2-3224-2035-3

Dépôt légal : Août 2022

Mise en page et maquettage : https://reedsy.com/

Histoire d'une âme

C'est à vous, ma Mère chérie, à vous qui êtes deux fois ma Mère, que je viens confier l'histoire de mon âme... Le jour où vous m'avez demandé de le faire, il me semblait que cela dissiperait mon cœur en l'occupant de lui-même, mais depuis Jésus m'a fait sentir qu'en obéissant simplement je lui serais agréable ; d'ailleurs je ne vais faire qu'une seule chose : Commencer à chanter ce que je dois redire éternellement : « Les Miséricordes du Seigneur... » (NHA 101) (Ps 89,2) Avant de prendre la plume, je me suis agenouillée devant la statue de Marie (NHA 102) (celle qui nous a donné tant de preuves des maternelles préférences de la Reine du Ciel pour notre famille,) je l'ai suppliée de guider ma main afin que je ne trace pas une seule ligne qui ne lui soit agréable. Ensuite ouvrant le Saint Evangile, mes yeux sont tombés sur ces mots : « Jésus étant monté sur une montagne, il appela à Lui ceux qu'il lui plut ; et ils vinrent à Lui. » (Saint Marc, chap. III, v. 13). (Mc 3,13) Voilà bien le mystère de ma vocation, de ma vie tout entière et surtout le mystère des privilèges de Jésus sur mon âme... Il n'appelle pas ceux qui en sont dignes, mais ceux qu'il lui plaît ou comme le dit Saint Paul : « Dieu a pitié de qui Il veut et Il fait miséricorde à qui Il veut faire miséricorde. Ce n'est donc pas l'ouvrage de celui qui veut ni de celui qui court, mais de Dieu qui fait miséricorde. » (Épître aux Romains, chap. IX. v. 15 et 16). (Rm 9,15-16) Longtemps je me suis demandé pourquoi le bon Dieu avait des préférences, pourquoi toutes les âmes ne recevaient pas un égal degré de grâces, je m'étonnais en Le voyant prodiguer des faveurs extraordinaires aux Saints qui l'avaient offensé, comme Saint Paul, Saint Augustin et qu'Il forçait pour ainsi dire à recevoir ses grâces ; ou bien, en lisant la vie de Saints que Notre-Seigneur s'est plu à caresser du berceau à la tombe, sans laisser sur leur passage aucun obstacle qui les empêchât de s'élever vers Lui et prévenant ces âmes de telles faveurs qu'elles ne pouvaient ternir l'éclat immaculé de leur robe baptismale, je me demandais pourquoi les pauvres sauvages, par exemple, mouraient en grand nombre avant d'avoir même entendu prononcer le nom de Dieu... Jésus a daigné m'instruire de ce mystère. Il a mis devant mes yeux le livre de la nature et j'ai compris que toutes les fleurs qu'Il a créées sont belles, que l'éclat de la rose et la blancheur du Lys n'enlèvent pas le parfum de la petite violette ou la simplicité ravissante de la pâquerette... J'ai compris que si toutes les petites fleurs voulaient être des roses, la nature perdrait sa parure printanière, les champs ne seraient plus émaillés de fleurettes... Ainsi en est-il dans le monde des âmes qui est le jardin de Jésus. Il a voulu créer les grands saints qui peuvent être comparés aux Lys et aux roses ; mais il en a créé aussi de plus petits et ceux-ci doivent se contenter d'être des pâquerettes ou des violettes destinées à réjouir les regards du bon Dieu lorsqu'Il les abaisse à ses pieds. La perfection consiste à faire sa volonté, à être ce qu'Il veut que nous soyons... J'ai compris encore que l'amour de Notre-Seigneur se révèle aussi bien dans l'âme la plus simple qui ne résiste en rien à sa grâce que dans l'âme la plus sublime ; en effet le propre de l'amour étant de s'abaisser, si toutes les âmes ressemblaient à celles des Saints docteurs qui ont illuminé l'Eglise par la clarté de leur doctrine, il semble que le bon Dieu ne descendrait pas assez bas en venant jusqu'à leur cœur ; mais Il a créé l'enfant qui ne sait rien et ne fait entendre que de faibles cris, Il a créé le pauvre sauvage n'ayant pour se conduire que la loi naturelle et c'est jusqu'à leurs cœurs qu'Il daigne s'abaisser, ce sont là ses fleurs des champs dont la simplicité Le ravit... En descendant ainsi le Bon Dieu montre sa grandeur inouïe. De même que le soleil éclaire en même temps les cèdres et chaque petite fleur comme si elle était seule sur la terre, de même Notre-Seigneur s'occupe aussi particulièrement de chaque âme que si elle n'avait pas de semblables ; et comme dans la nature toutes les saisons sont arrangées de manière à faire éclore au jour marqué la plus humble pâquerette, de même tout correspond au bien de chaque âme. Sans doute, ma Mère chérie, vous vous demandez avec étonnement où je veux en venir, car jusqu'ici je n'ai rien dit encore qui ressemble à l'histoire de ma vie, mais vous m'avez demandé d'écrire sans contrainte ce qui me viendrait à la pensée ; ce n'est donc pas ma vie proprement dite que je vais écrire, ce sont mes pensées sur les grâces que le Bon Dieu a daigné m'accorder. Je me trouve à une époque de mon existence où je puis jeter un regard sur le passé ; mon âme s'est mûrie dans le creuset des épreuves extérieures et intérieures ; maintenant comme la fleur fortifiée par l'orage je relève la tête et je vois qu'en moi se réalisent les paroles du psaume XXII. (Le Seigneur est mon Pasteur, je ne manquerai de rien. Il me fait reposer dans des pâturages agréables et fertiles. Il me conduit doucement le long des eaux. Il conduit mon âme sans la fatiguer... Mais lors (Ps 23,1-4) même que je descendrai dans la vallée de l'ombre de la mort, je ne craindrai aucun mal, parce que vous serez avec moi,

Seigneur !...) (NHA 103) (Ps 22,1-4) Toujours le Seigneur a été pour moi compatissant et rempli de douceur... Lent à punir et abondant en miséricordes !... (Ps. CII, v.8.) (Ps 103,8) Aussi, ma Mère, c'est avec bonheur que je viens chanter près de vous les miséricordes du Seigneur... (Ps 89,2) C'est pour vous seule que je vais écrire l'histoire de la petite fleur cueillie par Jésus, aussi je vais parler avec abandon, sans m'inquiéter ni du style ni des nombreuses digressions que je vais faire. Un cœur de mère comprend toujours son enfant, alors même qu'il ne sait que bégayer, aussi je suis sûre d'être comprise et devinée par vous qui avez formé mon cœur et l'avez offert à Jésus... Il me semble que si une petite fleur pouvait parler, elle dirait simplement ce que le Bon Dieu a fait pour elle, sans essayer de cacher ses bienfaits. Sous le prétexte d'une fausse humilité elle ne dirait pas qu'elle est disgracieuse et sans parfum, que le soleil lui a ravi son éclat et que les orages ont brisé sa tige, alors qu'elle reconnaîtrait en elle-même tout le contraire. La fleur qui va raconter son histoire se réjouit d'avoir à publier les prévenances tout à fait gratuites de Jésus, elle reconnaît que rien n'était capable en elle d'attirer ses regards divins et que sa miséricorde seule a fait tout ce qu'il y a de bien en elle... C'est Lui qui l'a fait naître en une terre sainte et comme tout imprégnée d'un parfum virginal. C'est Lui qui l'a fait précéder de huit Lys éclatants de blancheur. Dans Son amour, Il a voulu préserver sa petite fleur du souffle empoisonné du monde ; à peine sa corolle commençait-elle à s'entr'ouvrir que ce divin Sauveur l'a transplantée sur la montagne du Carmel où déjà les deux Lys qui l'avaient entourée et doucement bercée au printemps de sa vie répandaient leur suave parfum... Sept années se sont écoulées depuis que la petite fleur a pris racine dans le jardin de l'Epoux des vierges et maintenant trois Lys balancent auprès d'elle leurs corolles embaumées ; un peu plus loin un autre lys s'épanouit sous les regards de Jésus et les deux tiges bénies qui ont produit ces fleurs sont maintenant réunies pour l'éternité dans la Céleste Patrie... Là elles ont retrouvé les quatre Lys que la terre n'avait pas vus s'épanouir... Oh ! que Jésus daigne ne pas laisser longtemps sur la rive étrangère les fleurs restées dans l'exil ; que bientôt la branche de Lys soit complète au Ciel ! (NHA 104) Je viens, ma Mère, de résumer en peu de mots ce que le bon Dieu a fait pour moi, maintenant je vais entrer dans le détail de ma vie d'enfant ; je sais que là où tout autre ne verrait qu'un récit ennuyeux votre cœur maternel trouvera des charmes... et puis, les souvenirs que je vais évoquer sont aussi les vôtres puisque c'est près de vous que s'est écoulée mon enfance et que j'ai le bonheur d'appartenir aux Parents sans égaux qui nous ont entourées des mêmes soins et des mêmes tendresses. Oh ! qu'ils daignent bénir la plus petite de leurs enfants et lui aider à chanter les miséricordes divines !... (Ps 89,2) Dans l'histoire de mon âme jusqu'à mon entrée au Carmel je distingue trois périodes bien distinctes ; la première malgré sa courte durée n'est pas la moins féconde en souvenirs ; elle s'étend depuis l'éveil de ma raison jusqu'au départ de notre Mère chérie pour la patrie des Cieux.

Le Bon Dieu m'a fait la grâce d'ouvrir mon intelligence de très bonne heure et de graver si profondément en ma mémoire les souvenirs de mon enfance qu'il me semble que les choses que je vais raconter se passaient hier. Sans doute, Jésus voulait, dans son amour, me faire connaître la Mère incomparable qu'il m'avait donnée, mais que sa main Divine avait hâte de couronner au Ciel !... Toute ma vie le bon Dieu s'est plu à m'entourer d'Amour, mes premiers souvenirs sont empreints des sourires et des caresses les plus tendres !... mais s'Il avait placé près de moi beaucoup d'Amour, Il en avait mis aussi dans mon petit cœur, le créant aimant et sensible, aussi j'aimais beaucoup Papa et Maman et leur témoignais ma tendresse de mille manières, or j'étais très expansive. Seulement les moyens que j'employais étaient parfois étranges, comme le prouve ce passage d'une lettre de Maman. « Le bébé est un lutin sans pareil, elle vient me caresser en me souhaitant la mort : Oh ! Que je voudrais bien que tu mourrais, ma pauvre petite Mère !... on la gronde, elle dit : C'est pourtant pour que tu ailles au Ciel, puisque tu dis qu'il faut mourir pour y aller. Elle souhaite de même la mort à son père quand elle est dans ses excès d'amour ! ». (NHA 105) Le 25 Juin 1874 alors que j'avais à peine dix-huit mois, voici ce que maman disait de moi : « Votre père vient d'installer une balançoire, Céline est d'une joie sans pareille, mais il faut voir la petite se balancer ; c'est risible, elle se tient comme une grande fille, il n'y a pas de danger qu'elle lâche la corde, puis quand ça ne va pas assez fort, elle crie. On l'attache par-devant avec une autre corde et malgré cela je ne suis pas tranquille quand je la vois perchée là-dessus. Il m'est arrivé une drôle d'aventure dernièrement avec la petite. J'ai l'habitude d'aller à la messe de cinq heures et demie, dans les premiers jours je n'osais pas la laisser, mais voyant qu'elle ne se réveillait jamais, j'ai fini par me décider à la quitter. Je la couche dans mon lit et j'approche le berceau si près qu'il est impossible qu'elle tombe. Un jour j'ai oublié de mettre le berceau. J'arrive et la petite n'était plus dans mon lit ; au même moment j'entends un cri, je regarde et je la vois assise sur une chaise qui se trouvait en face de la tête de mon lit, sa petite tête était couchée sur le traversin et là elle dormait d'un mauvais sommeil car elle était gênée. Je n'ai pas pu me rendre compte comment elle était tombée assise sur cette chaise, puisqu'elle était couchée. J'ai remercié le Bon Dieu de ce qu'il ne lui est rien arrivé, c'est vraiment providentiel, elle devait rouler par terre, son bon Ange y a veillé et les âmes du purgatoire auxquelles je fais tous les jours une prière pour la petite l'ont protégée ; voilà comment j'arrange cela... arrangez-le comme vous voudrez... » À la fin de la lettre maman ajoutait : « Voilà le petit bébé qui vient me passer sa petite main sur la figure et m'embrasser. Cette pauvre petite ne veut point me quitter, elle est continuellement avec moi ; elle aime beaucoup à aller au jardin, mais si je n'y suis pas elle ne veut pas y rester et pleure jusqu'à ce qu'on me la ramène ! » (NHA 106) (Voici un passage d'une autre lettre) : « La petite Thérèse me demandait l'autre jour si elle irait au Ciel. Je lui ai dit que oui, si elle était bien sage ; elle me répond : Oui, mais si je n'étais pas mignonne, j'irais dans l'enfer... mais moi je sais bien ce que je ferais, je m'envolerais avec toi qui serais au Ciel, comment que le Bon Dieu ferait pour me prendre ?... tu me tiendrais bien fort dans tes bras ? J'ai vu dans ses yeux qu'elle croyait positivement que le Bon Dieu ne lui pouvait rien si elle était dans les bras de sa mère... (NHA 107) » Marie aime beaucoup sa petite sœur, elle la trouve bien mignonne, elle serait bien difficile car cette pauvre petite a grand-peur de lui faire de la peine. Hier j'ai voulu lui donner une rose sachant que cela la rend heureuse, mais elle s'est mise a me supplier de ne pas la couper, Marie l'avait défendu, elle était rouge d'émotion, malgré cela je lui en ai donné deux, elle n'osait plus paraître à la maison. J'avais beau lui dire que les roses étaient à moi, *mais non*, disait-elle, *c'est à Marie...* C'est une enfant qui s'émotionne bien facilement. Dès qu'elle a fait un petit malheur, il faut que tout le monde le sache. Hier ayant fait tomber sans le vouloir un petit coin de la tapisserie, elle était dans un état à faire pitié, puis il fallait bien vite le dire à son Père ; l est arrivé quatre heures après, on n'y pensait plus, mais elle est bien vite venue dire à Marie : *Dis vite à Papa que j'ai déchiré le papier.* Elle est là comme un criminel qui attend sa condamnation, mais elle a dans sa petite idée qu'on va lui pardonner plus facilement si elle s'accuse. » (NHA 108) J'aimais beaucoup ma chère Marraine. (NHA 109) Sans en avoir l'air, je faisais une grande attention à tout ce qui se faisait et se disait autour de moi, il me semble que je jugeais des choses comme maintenant. J'écoutais bien attentivement ce que Marie apprenait à Céline afin de faire comme elle ; après sa sortie de la Visitation, pour obtenir la faveur d'être admise dans sa chambre pendant les leçons qu'elle donnait à Céline, j'étais bien sage et je faisais tout ce qu'elle voulait ; aussi me comblait-elle de cadeaux qui, malgré leur peu de valeur, me faisaient beaucoup de plaisir. J'étais bien fière de mes deux grandes sœurs, mais celle qui était mon idéal d'enfant, c'était Pauline... Lorsque je commençais à parler et que Maman me demandait : « À quoi penses-tu ? » la réponse était invariable « À Pauline !... » Une autre fois, je faisais aller mon petit doigt sur les carreaux et je disais « J'écris : Pauiine !... » Souvent j'entendais dire que bien sûr Pauline serait religieuse ; alors sans trop savoir ce que c'était, je pensais : « Moi aussi je serai religieuse. » C'est là un de (mes) (NHA 110) premiers souvenirs et depuis, jamais je n'ai changé de résolution !... Ce fut vous ma Mère chérie, que Jésus choisit pour me fiancer à Lui, vous n'étiez pas alors auprès de moi, mais déjà un lien s'était formé entre nos âmes... vous étiez mon idéal, je voulais être semblable à vous et c'est votre exemple qui dès l'âge de deux ans m'entraîna vers l'Epoux des vierges... Oh ! que de douces réflexions je voudrais vous confier ! Mais je dois poursuivre l'histoire de la petite fleur, son histoire complète et générale, car si je voulais parler en détail de mes rapports avec Pauline, il me faudrait laisser tout le reste !... Ma chère petite Léonie tenait aussi une grande place dans mon cœur. Elle m'aimait beaucoup, le soir c'était elle qui me gardait quand toute la famille allait se promener... Il me semble entendre encore les gentils refrains qu'elle chantait afin de m'endormir... en toute chose elle cherchait le moyen de me faire plaisir aussi j'aurais eu bien du chagrin de lui causer de la peine.

Je me rappelle très bien sa première communion. (NHA 111) surtout du moment où elle me prit sur son bras pour me faire entrer avec elle au presbytère ; cela me paraissait si beau d'être portée par une grande sœur tout en blanc comme moi !... Le soir on me coucha de bonne heure car j'étais trop petite pour rester au grand dîner mais je vois encore Papa qui vint au dessert, apportant à sa petite reine des morceaux de la pièce montée... Le lendemain ou peu de jours après, nous sommes allées avec maman chez la petite compagne de Léonie. (NHA 112) Je crois que c'est ce jour-là que cette bonne petite Mère nous a emmenées derrière un mur pour nous faire boire du vin après le dîner (que nous avait servi la pauvre dame Dagorau) car elle ne voulait pas faire de peine à la bonne femme, mais aussi voulait que nous ne manquions de rien... Ah ! comme le cœur d'une Mère est délicat, comme il traduit sa tendresse en mille soins prévoyants auxquels personne ne penserait ! Maintenant il me reste parler de ma chère Céline, la petite compagne de mon enfance, mais les souvenirs sont en telle abondance que je ne sais lesquels choisir. Je vais extraire quelques passages des lettres que maman vous écrivait à la Visitation, mais je ne vais pas tout copier, ce serait trop long... Le 10 Juillet 1873 (NHA 113) (l'année de ma naissance), voici ce qu'elle vous disait : « La nourrice (NHA 114) a amené la petite Thérèse Jeudi, elle n'a fait que rire, c'était surtout la Petite Céline qui lui plaisait, elle riait aux éclats avec elle ; on dirait qu'elle a déjà envie de jouer, cela viendra bientôt, elle se tient sur ses petites jambes, raide comme un petit piquet. Je crois qu'elle marchera de bonne heure et qu'elle aura bon caractère, elle paraît très intelligente et a une bonne figure de prédestinée... »

Mais ce fut surtout après ma sortie de nourrice que je montrai mon affection pour ma chère petite Céline. Nous nous entendions très bien, seulement j'étais bien plus vive et bien moins naïve qu'elle ; quoique de trois ans et demi plus jeune, il me semblait que nous étions du même âge. Voici un passage d'une lettre de Maman qui vous montrera combien Céline était douce et moi méchante. *Ma petite Céline est tout à fait portée à la vertu, c'est le sentiment intime de son être, elle a une âme candide et a horreur du mal. Pour le petit furet, on ne sait pas trop comment ça fera, c'est si petit, si étourdi ! Elle est d'une intelligence supérieure à Céline, mais bien moins douce et surtout d'un entêtement presque invincible, quand elle dit « non » rien ne peut la faire céder, on la mettrait une journée dans la cave qu'elle y coucherait plutôt que de dire « oui... »* Elle a cependant un cœur d'or, elle est bien caressante et bien franche ; c'est curieux de la voir courir après moi, pour me faire sa confession : « Maman, j'ai poussé Céline qu'une fois, je l'ai battue une fois, mais je ne recommencerai plus. » (C'est comme cela pour tout ce qu'elle fait). *Jeudi soir nous avons été nous promener du côté de la gare, elle a absolument voulu entrer dans la salle d'attente pour aller chercher Pauline, elle courait devant avec une joie qui faisait plaisir, mais quand elle a vu qu'il fallait s'en retourner sans monter en chemin de fer pour aller chercher Pauline, elle a pleuré tout le long du chemin.* (NHA 115) Cette dernière partie de la lettre me rappelle le bonheur que j'éprouvais en vous voyant revenir de la Visitation ; vous, ma mère, me preniez sur vos bras et Marie prenait Céline ; alors je vous faisais mille caresses et je me penchais en arrière afin d'admirer votre grande natte... puis vous me donniez une tablette de chocolat que vous aviez gardée trois mois. Vous pensez quelle relique c'était pour moi !... Je me rappelle aussi du voyage que j'ai fait au Mans, (NHA 116) c'était la première fois que j'allais en chemin de fer. Quelle joie de me voir en voyage seule avec Maman... Cependant je ne sais plus pourquoi je me suis mise à pleurer et cette pauvre petite Mère n'a pu présenter à ma tante du Mans (NHA 117) qu'un vilain petit laideron tout rouge des larmes qu'il avait répandues en chemin... Je n'ai gardé aucun souvenir du parloir mais seulement du moment où ma tante m'a passé une petite souris blanche et un petit panier en papier bristol rempli de bonbons sur lesquels trônaient deux jolies bagues en sucre, juste de la grosseur de mon doigt ; aussitôt je m'écriai « Quel bonheur ! » il y aura une bague pour Céline. « Mais, ô douleur ! » je prends mon panier par l'anse, je donne l'autre main à Maman et nous partons ; au bout de quelques pas, je regarde mon panier et je vois que mes bonbons étaient presque tous semés dans la rue, comme les pierres du petit Poucet... Je regarde encore de plus près et je vois qu'une des précieuses bagues avait subi le sort fatal des bonbons... Je n'avais plus rien à donner à Céline !... alors ma douleur éclate, je demande à retourner sur mes pas, maman ne semble pas faire attention à moi. C'en était trop, à mes larmes succèdent mes cris... Je ne pouvais comprendre qu'elle ne partageât pas ma peine et cela augmentait de beaucoup ma douleur... Maintenant je reviens aux lettres où maman vous parle de Céline et de moi, c'est le meilleur moyen que je puisse employer pour vous faire bien connaître mon caractère ; voici un passage où mes défauts brillent d'un vif éclat : Voilà

Céline qui s'amuse avec la petite au jeu de cubes, elles se disputent de temps en temps, Céline cède pour avoir une perle à sa couronne. Je suis obligée de corriger ce pauvre bébé qui se met dans des furies épouvantables ; quand les choses ne vont pas à son idée, elle se roule par terre comme une désespérée croyant que tout est perdu, il y a des moments où c'est plus fort qu'elle, elle en est suffoquée. C'est une enfant bien nerveuse, elle est cependant bien mignonne et très intelligente, elle se rappelle tout. (NHA 118) Vous voyez, ma Mère, combien j'étais loin d'être une petite fille sans défauts ! On ne pouvait même pas dire de moi que j'étais sage quand je dormais, car la nuit j'étais encore plus remuante que le jour, j'envoyais promener toutes les couvertures et puis (tout en dormant) je me donnais des coups contre le bois de mon petit lit ; la douleur me réveillait, alors je disais : « Maman, je suis toquée... » Cette pauvre petite Mère était obligée de se lever et constatait qu'en effet j'avais des bosses au front, que j'étais toquée ; elle me couvrait bien, puis allait se recoucher ; mais au bout d'un moment je recommençais à être toquée, si bien qu'on fut obligé de m'attacher dans mon lit. Tous les soirs, la petite Céline venait nouer les nombreux cordons destinés à empêcher le petit lutin de se toquer et de réveiller sa maman ; ce moyen ayant bien réussi, je fus désormais sage en dormant... Il est un autre défaut que j'avais (étant éveillée) et dont Maman ne parle pas dans ses lettres, c'était un grand amour-propre. Je ne vais vous en donner que deux exemples afin de ne pas rendre mon récit trop long. Un jour Maman me dit : « Ma petite Thérèse, si tu veux baiser la terre, je vais te donner un sou. » Un sou, c'était pour moi toute une richesse ; pour le gagner je n'avais pas besoin d'abaisser ma grandeur car ma petite taille ne mettait pas une grande distance entre moi et la terre, cependant ma fierté se révolta à la pensée de « baiser la terre », me tenant bien droite, je dis à Maman « Oh ! non, ma petite Mère, j'aime mieux ne pas avoir de sou !... » Une autre fois nous devions aller à Grogny chez Madame Monnier. Maman dit à Marie de me mettre ma jolie robe bleu Ciel, garnie de dentelles, mais de ne pas me laisser les bras nus, afin que le Soleil ne les brunisse pas. Je me laissai habiller avec l'indifférence que devaient avoir les enfants de mon âge, mais intérieurement je pensais que j'aurais été bien plus gentille avec mes petits bras nus. Avec une nature comme la mienne, si j'avais été élevée par des Parents sans vertu ou même si comme Céline j'avais été gâtée par Louise (NHA 119) je serais devenue bien méchante et peut-être me serais perdue... Mais Jésus veillait sur sa petite fiancée, Il a voulu que tout tournât à son bien, même ses défauts qui, réprimés de bonne heure, lui ont servi à grandir dans la perfection,.. Comme j'avais de l'amour-propre et aussi l'amour du bien, aussitôt que j'ai commencé penser sérieusement (ce que j'ai fait bien petite) il suffisait qu'on me dise qu'une chose n'était pas bien, pour que je n'aie pas envie de me le faire répéter deux fois... je vois avec plaisir dans les lettres de Maman qu'en grandissant je lui donnais plus de consolation. N'ayant que de bons exemples autour de moi je voulais naturellement les suivre. Voici ce qu'elle écrivait en 1876. *Jusqu'à Thérèse qui veut parfois se mêler de faire des pratiques. (NHA 120) C'est une charmante enfant, elle est fine comme l'ombre, très vive, mais son cœur est sensible. Céline et elle s'aiment beaucoup, elles se suffisent à elles deux pour se désennuyer ; tous les jours aussitôt qu'elles ont dîné Céline va prendre son petit coq, elle attrape tout d'un coup la poule à Thérèse, moi je ne puis en venir à bout, mais elle est si vive que du premier bond elle la tient ; puis elles arrivent toutes les deux avec leurs bêtes s'asseoir au coin du feu et s'amusent ainsi fort longtemps,* (C'était la petite Rose qui m'avait fait cadeau de la poule et du coq, j'avais donné le coq à Céline). *L'autre jour Céline avait couché avec moi, Thérèse avait couché au second dans le lit à Céline ; elle avait* supplié Louise de la descendre en bas pour qu'on l'habille. Louise monte pour la chercher, elle trouve le lit vide. Thérèse avait entendu Céline et était descendue avec elle. Louise lui dit : « Tu ne veux donc pas venir en bas t'habiller ? » « Oh non ! ma pauvre Louise, on est comme les deux petites poules, on ne peut pas se séparer ! » Et en disant cela elles s'embrassaient et se serraient toutes les deux... Puis le soir Louise, Céline et Léonie sont parties au cercle catholique et ont laissé cette pauvre Thérèse qui comprenait bien qu'elle était trop petite pour y aller, elle disait : « Si seulement on veut me coucher dans le lit à Céline !... » Mais non, on n'a pas voulu... elle n'a rien dit et est restée seule avec sa petite lampe, elle dormait un quart d'heure après d'un profond sommeil... (NHA 121) Un autre jour Maman écrivait encore : Céline et Thérèse sont inséparables, on ne peut voir deux enfants s'aimer mieux ; quand Marie vient chercher Céline pour faire sa classe, cette pauvre Thérèse est tout en larmes. Hélas que va-t-elle devenir, sa petite amie s'en va !... Marie en a pitié, elle la prend aussi et cette pauvre petite s'assied sur une chaise pendant deux ou trois heures ; on lui donne des perles à enfiler ou une chiffe à coudre, elle n'ose bouger et pousse souvent de gros soupirs. Quand son aiguille se désenfile, elle essaie de la renfiler, c'est curieux de la voir, ne pouvant y parvenir et n'osant déranger Marie ; bientôt on voit deux grosses larmes qui coulent sur ses joues... Marie la console bien vite, renfile l'aiguille et le pauvre petit ange sourit au travers de ses larmes (NHA 122) Je me rappelle qu'en effet je ne pouvais pas rester sans Céline, j'aimais mieux sortir de table avant d'avoir fini mon dessert que de ne pas la suivre, aussitôt qu'elle se levait. Je me tournais dans ma grande chaise, demandant qu'on me descende et puis nous allions jouer ensemble ; quelquefois nous allions avec la petite « préfète », ce qui me plaisait bien à cause du parc et de tous les beaux jouets qu'elle nous montrait, mais c'était plutôt afin de faire plaisir à Céline que j'y allais, aimant mieux rester dans notre petit jardin à gratter les murs, car nous enlevions toutes les petites paillettes brillantes qui s'y trouvaient et puis nous allions les vendre à Papa qui nous les achetait très sérieusement. Le dimanche, comme j'étais trop petite pour aller aux offices, Maman restait à me garder ; j'étais bien sage et ne marchais que sur le bout du pied pendant la messe ; mais aussitôt que je voyais la porte s'ouvrir, c'était une explosion de joie sans pareille ; je me précipitais au-devant de ma jolie petite sœur qui était alors parée comme une chapelle... (NHA 123) et je lui disais : « Oh ! ma petite Céline, donne-moi bien vite du pain bénit ! » Parfois elle n'en avait pas, étant arrivée trop tard... Comment faire alors ? Il était impossible que je m'en passe, c'était là « ma messe... » Le moyen fut bien vite trouvé. « Tu n'as pas de pain bénit, eh bien, fais-en ! » Aussitôt dit, aussitôt fait, Céline prend une chaise, ouvre le placard, attrape le pain, en coupe une bouchée et très sérieusement récite un Ave Maria dessus, puis elle me le présente et moi, après (avoir) fait le signe de la Croix avec, je le mange avec une grande dévotion, lui trouvant tout à fait le goût du pain bénit...

Souvent nous faisions ensemble des conférences spirituelles ; voici un exemple que j'emprunte aux lettres de Maman : *Nos deux chères petites Céline et Thérèse sont des anges de bénédiction, des petites natures angéliques. Thérèse fait la joie, le bonheur de Marie et sa gloire, c'est incroyable comme elle en est fière. C'est vrai qu'elle a des réparties bien rares à son âge, elle en remontre à Céline qui est le double plus âgée. Céline disait l'autre jour : « Comment que cela se fait que le bon Dieu peut être dans une si petite hostie ? » La petite a dit : « Ce n'est pas si étonnant puisque le bon Dieu est Tout-puissant. » « Qu'est-ce que veut dire Tout-puissant ? Mais c'est de faire tout ce qu'Il veut !... »* (NHA 124) Un jour Léonie pensant qu'elle était trop grande pour jouer à la poupée vint nous trouver toutes les deux avec une corbeille remplie de robes et de jolis morceaux destinés à en faire d'autres ; sur le dessus était couchée sa poupée. « Tenez mes petites sœurs, nous dit-elle, choisissez, je vous donne tout cela. » Céline avança la main et prit un petit paquet de ganses qui lui plaisait. *Après un moment de réflexion j'avançai la main à mon tour en disant : « Je choisis tout ! » et je pris la corbeille sans autre cérémonie ; les témoins de la scène trouvèrent la chose très juste, Céline elle-même ne songea pas à s'en plaindre* (d'ailleurs elle ne manquait pas de jouets, son parrain la comblait de cadeaux et Louise trouvait moyen de lui procurer tout ce qu'elle désirait). *Ce petit trait de mon enfance est le résumé de toute ma vie ; plus tard lorsque la perfection m'est apparue, j'ai compris que pour devenir une sainte il fallait beaucoup souffrir, rechercher toujours le plus parfait et s'oublier soi-même ; j'ai compris qu'il y avait bien des degrés dans la perfection et que chaque âme était libre de répondre aux avances de Notre-Seigneur, de faire peu ou beaucoup pour Lui, en un mot de choisir entre les sacrifices qu'Il demande. Alors comme aux jours de ma petite enfance, je me suis écriée : « Mon Dieu, je choisis tout ». Je ne veux pas être une sainte à moitié, cela ne me fait pas peur de souffrir pour vous, je ne crains qu'une chose c'est de garder ma volonté, prenez-la, car « Je choisis tout » ce que vous voulez !...*

Il faut que je m'arrête, je ne dois pas encore vous parler de ma jeunesse, mais du petit Lutin de quatre ans. Je me souviens d'un rêve que j'ai dû faire vers cet âge et qui s'est profondément gravé dans mon imagination. Une nuit, j'ai rêvé que je sortais pour aller me promener seule au jardin. Arrivée au bas des marches qu'il fallait monter pour y arriver, je m'arrêtai saisie d'effroi. Devant moi, auprès de la tonnelle, se trouvait un baril de chaux et sur ce baril deux affreux petits diablotins dansaient avec une agilité surprenante malgré des fers à repasser qu'ils avaient aux pieds ; tout à coup ils jetèrent sur moi leurs yeux flamboyants, puis au même moment, paraissant bien plus effrayés que moi, ils se précipitèrent au bas du baril et allèrent se cacher dans la lingerie qui se trouvait en face. Les voyant si peu braves je voulus savoir ce qu'ils allaient faire et je m'approchai de la fenêtre. Les pauvres diablotins étaient là, courant sur les tables et ne sachant comment faire pour fuir mon regard ; quelquefois ils s'approchaient de la fenêtre, regardant d'un air inquiet si j'étais encore là et me voyant toujours, ils recommençaient à courir comme des désespérés. Sans doute ce rêve n'a rien d'extraordinaire, cependant je crois que le Bon Dieu a permis que je m'en rappelle, afin de me prouver qu'une âme en état de grâce n'a rien à craindre des démons qui sont des lâches, capables de fuir devant le regard d'un enfant... Voici encore un passage que je trouve dans les lettres de maman. Déjà cette pauvre petite Mère pressentait la fin de son exil : (NHA 125) *Les deux petites ne m'inquiètent pas, elles sont si bien toutes les deux, e sont des natures choisies, certainement elles seront bonnes. Marie et toi vous pourrez parfaitement les élever. Céline ne fait jamais la plus petite faute volontaire. La petite sera bonne aussi, elle ne mentirait pas pour tout l'or du monde, elle a de l'esprit comme je n'en ai jamais vu aucune de vous (NHA 126) L'autre jour elle était chez l'épicier avec Céline et Louise, elle parlait de ses pratiques et discutait fort avec Céline ; la dame a dit à Louise : « Qu'est-ce qu'elle veut donc dire, quand elle joue dans le jardin on n'entend parler que de pratiques ? » Madame Gaucherin avance la tête par sa fenêtre pour tâcher de comprendre ce que veut dire ce débat de pratiques... cette pauvre petite fait notre bonheur, elle sera bonne, on voit déjà le germe ; elle ne parle que du bon Dieu, elle ne manquerait pas pour tout à faire ses prières. Je voudrais que tu la voies réciter de petites fables, jamais je n'ai rien vu de si gentil, elle trouve toute seule l'expression qu'il faut donner et le ton, mais c'est surtout quand elle dit : Petit enfant à tête blonde, où crois-tu donc qu'est le bon Dieu ? Quand elle en est à : « Il est là-haut dans le Ciel bleu » elle tourne son regard en haut avec une expression angélique ; on ne se lasse pas de le lui faire dire tant c'est beau, il y a quelque chose de si céleste dans son regard qu'on en est ravi !...* (NHA

127) O ma Mère ! Que j'étais heureuse à cet âge ! Déjà je commençais à jouir de la vie, la vertu avait pour moi des charmes et j'étais, il me semble, dans les mêmes dispositions où je me trouve maintenant ayant déjà un grand empire sur mes actions. Ah ! comme elles ont passé rapidement les années ensoleillées de ma petite enfance, mais quelle douce empreinte elles ont laissée en mon âme ! e me rappelle avec bonheur les jours où papa nous emmenait au pavillon, (NHA 128) les plus petits détails se sont gravés dans mon cœur... Je me rappelle surtout les promenades du dimanche où toujours maman nous accompagnait... Je sens encore les impressions profondes et poétiques qui naissaient en mon âme à la vue des champs de blé émaillés de bluets et de fleurs champêtres. Déjà j'aimais les lointains... L'espace et les sapins gigantesques dont les branches touchaient la terre laissaient en mon cœur une impression semblable à celle que je ressens encore aujourd'hui à la vue de la nature... Souvent pendant ces longues promenades nous rencontrions des pauvres et c'était toujours la petite Thérèse qui était chargée de leur porter l'aumône, ce dont elle était bien heureuse ; mais souvent aussi, Papa trouvant que la route était trop longue pour sa petite reine, la ramenait plus tôt que les autres au logis (à son grand déplaisir.) Alors pour la consoler Céline remplissait de pâquerettes son joli petit panier et le lui donnait au retour, mais hélas la pauvre bonne-maman (NHA 129) trouvait que sa petite-fille en avait trop, aussi en prenait-elle une bonne partie pour sa sainte Vierge... Ceci ne plaisait pas à la petite Thérèse mais elle se gardait bien d'en rien dire, ayant pris la bonne habitude de ne se plaindre jamais, même quand on lui enlevait ce qui était à elle, ou bien lorsqu'elle était accusée injustement, elle préférait se taire et ne pas s'excuser, ceci n'était point mérite de sa part, mais vertu naturelle... Quel dommage que cette bonne disposition se soit évanouie !...

Oh ! véritablement tout me souriait sur la terre : je trouvais des fleurs sous chacun de mes pas et mon heureux caractère contribuait aussi à rendre ma vie agréable, mais une nouvelle période allait commencer pour mon âme, je devais passer par le creuset de l'épreuve et souffrir dès mon enfance afin de pouvoir être plus tôt offerte Jésus. De même que les fleurs du printemps commencent à germer sous la neige et s'épanouissent aux premiers rayons du Soleil, ainsi la petite fleur dont j'écris les souvenirs a-t-elle dû passer par l'hiver de l'épreuve... Tous les détails de la maladie de notre mère chérie sont encore présents à mon cœur, je me souviens surtout des dernières semaines qu'elle a passées sur la terre ; nous étions, Céline et moi, comme de pauvres petites exilées, tous les matins. Madame Leriche (NHA 201) venait nous chercher et nous passions la journée chez elle. Un jour, nous n'avions pas eu le temps de faire notre prière avant de partir et pendant le trajet Céline m'a dit tout bas : " Faut-il le dire que nous n'avons pas fait notre prière ?... " " Oh ! oui " lui ai-je répondu ; alors bien timidement elle l'a dit à Madame Leriche, celle-ci nous a répondu " Eh bien, mes petites filles, vous allez la faire " et puis nous mettant toutes les deux dans une grande chambre elle est partie... Alors Céline m'a regardée et nous avons dit : " Ah ! ce n'est pas comme Maman... toujours elle nous faisait faire notre prière !... " En jouant avec les enfants, toujours la pensée de notre Mère chérie nous poursuivait ; une fois Céline ayant reçu un bel abricot se pencha et me dit tout bas : " Nous n'allons pas le manger, je vais le donner à Maman. " Hélas ! cette pauvre petite Mère était déjà trop malade pour manger les fruits de la terre, elle ne devait plus se rassasier qu'au Ciel de la gloire de Dieu et boire avec Jésus le vin mystérieux dont Il parla dans sa dernière Cène, disant qu'Il le partagerait avec nous dans le royaume de son Père. (NHA 202) (Mt 26,29) La cérémonie touchante de l'extrême-onction s'est aussi imprimée en mon âme ; je vois encore la place où j'étais à côté de Céline, toutes les cinq nous étions par rang d'âge et ce pauvre petit Père était là aussi qui sanglotait... Le jour ou le lendemain du départ de Maman, (NHA 203) il me prit dans ses bras en me disant : " Viens embrasser une dernière fois ta pauvre petite Mère. " Et moi sans rien dire, j'approchai mes lèvres du front de ma Mère chérie... Je ne me souviens pas d'avoir beaucoup pleuré, je ne parlais à personne des sentiments profonds que je ressentais... Je regardais et j'écoutais en silence... personne n'avait le temps de s'occuper de moi aussi je voyais bien des choses qu'on aurait voulu me cacher ; une fois, je me trouvai en face du couvercle du cercueil... je m'arrêtai longtemps à le considérer, jamais je n'en avais vu, cependant je comprenais... j'étais si petite que malgré la taille peu élevée de Maman, j'étais obligée de lever la tête pour voir le haut et il me paraissait bien grand... bien triste... Quinze ans plus tard, je me trouvai devant un autre cercueil, celui de Mère Geneviève (NHA 204) il était de la même grandeur que celui de maman et je me crus encore aux jours de mon enfance !... Tous mes souvenirs revinrent en foule, c'était bien la même petite Thérèse qui regardait, mais elle avait grandi et le cercueil lui paraissait petit, elle n'avait plus besoin de lever la tête pour le voir ; elle ne la levait plus que pour contempler le Ciel qui lui paraissait bien joyeux, car toutes ses épreuves avaient pris fin et l'hiver de son âme était passé pour toujours... (Ct 2,10-11) Le jour où l'Eglise bénit la dépouille mortelle de notre petite Mère du Ciel, le bon Dieu voulut m'en donner une autre sur la terre et il voulut que je la choisisse librement. Nous étions ensemble toutes les cinq, nous regardant avec tristesse, Louise était là aussi et voyant Céline et moi, elle dit : " Pauvres petites, vous n'avez plus de Mère !... Alors Céline se jeta dans les bras de Marie disant " Eh bien ! c'est toi qui seras Maman. " Moi, j'étais habituée à faire comme elle, cependant je me tournai vers vous, ma Mère, et comme si déjà l'avenir avait déchiré son voile, je me jetai dans vos bras en m'écriant : " Eh bien ! moi, c'est Pauline qui sera Maman ! " Comme je l'ai dit plus haut, c'est à partir de cette époque de ma vie qu'il me fallut entrer dans la seconde période de mon existence, la plus douloureuse des trois, surtout depuis l'entrée au Carmel de celle que j'avais choisie pour ma seconde " Maman. " Cette période s'étend depuis l'age de quatre ans et demi jusqu'à celui de ma quatorzième année, époque où je retrouvai mon caractère d'enfant tout en entrant dans le sérieux de la vie. Il faut vous dire, ma Mère, qu'à partir de la mort de Maman, mon heureux caractère changea complètement ; moi si vive, si expansive, je devins timide et douce, sensible à l'excès. Un regard suffisait pour me faire fondre en larmes, il fallait que personne ne s'occupât de moi pour que je sois contente, je ne pouvais pas souffrir la compagnie de personnes étrangères et ne retrouvais ma gaieté que dans l'intimité de la famille... Cependant je continuais à être entourée de la tendresse la plus délicate. Le cœur si tendre de Papa avait joint à l'amour qu'il possédait déjà un amour vraiment maternel !... Vous, ma Mère, et Marie n'étiez-vous pas pour moi les mères les plus tendres, les plus désintéressées ? Ah ! si le Bon Dieu n'avait pas prodigué ses bienfaisants rayons à sa petite fleur, jamais elle n'aurait pu s'acclimater à la terre, elle était encore trop faible pour supporter les pluies et les orages, il lui fallait de la chaleur, une douce rosée et des brises printanières ; jamais elle ne manqua de tous ces bienfaits, Jésus les lui fit trouver, même sous la neige de l'épreuve ! Je ne ressentis aucun chagrin en quittant Alençon. Les enfants aiment le changement et ce fut avec plaisir que je vins à Lisieux. (NHA 205) (NHA 206) Je me souviens du voyage, de l'arrivée le soir chez ma tante, je vois encore Jeanne et Marie nous attendant à la porte... J'étais bien heureuse d'avoir des petites cousines si gentilles, je les aimais beaucoup ainsi que ma tante et surtout mon oncle, seulement il me faisait peur et je n'étais pas mon aise chez lui comme aux Buissonnets, c'est là que ma vie était véritablement heureuse... Dès le matin vous veniez auprès de moi, me demandant si j'avais donné mon cœur au bon Dieu, ensuite vous m'habilliez en me parlant de Lui et puis, à vos côtés, je faisais ma prière. Après venait la leçon de lecture, le premier mot que je pus lire seule fut celui-ci : " Cieux. " Ma chère marraine se chargea des leçons d'écriture et vous, ma Mère, de toutes les autres ; je n'avais pas une très grande facilité pour apprendre mais j'avais beaucoup de mémoire. Le catéchisme et surtout l'histoire sainte avaient mes préférences, je les étudiais avec joie, mais la grammaire a fait souvent couler mes larmes... Rappelez-vous le masculin et le féminin ! Aussitôt que ma classe était finie, je montais au belvédère portant ma rosette et ma note à papa. Que j'étais heureuse quand je pouvais lui dire : J'ai cinq sans exception, c'est Pauline qui l'a dit la première... " Car lorsque je vous demandais si j'avais cinq sans exception et que vous me disiez oui, c'était à mes yeux un degré de moins ; vous me donniez aussi des bons points, quand j'en avais amassé un certain nombre, j'avais une récompense et un jour de congé. Je me rappelle que ces jours-là me semblaient bien plus longs que les autres, ce qui vous faisait plaisir puisque cela montrait que je n'aimais pas à rester sans rien faire. Toutes les après-midi, j'allais faire une petite promenade avec papa ; nous faisions ensemble notre visite au Saint-Sacrement, visitant chaque jour une nouvelle église, c'est ainsi que j'entrai pour la première fois dans la chapelle du Carmel, papa me montra la grille du chœur, me disant que derrière étaient des religieuses. J'étais bien loin de me douter que neuf ans plus tard je serais parmi elles !... Après la promenade (pendant laquelle papa m'achetait toujours un petit cadeau d'un ou deux sous) je rentrais à la maison ; alors je faisais mes devoirs, puis tout le reste du temps, je restais à sautiller dans le jardin autour de papa, car je ne savais pas jouer à la poupée. C'était une grande joie pour moi de préparer des tisanes avec des petites graines et des écorces d'arbres que je trouvais par terre, je les portais ensuite à papa dans une jolie petite tasse, ce pauvre petit père quittait son ouvrage et puis en souriant il faisait semblant de boire. Avant de me rendre la tasse il me demandait (comme à la dérobée) s'il fallait en jeter le contenu ; quelquefois je disais oui, mais plus souvent je remportais ma précieuse tisane, voulant la faire servir plusieurs fois... j'aimais à cultiver mes petites fleurs dans le jardin que Papa m'avait donné ; je m'amusais à dresser de petits autels dans l'enfoncement qui se trouvait au milieu dans le mur ; quand j'avais fini, Je courais vers Papa et l'entraînant je lui disais de bien fermer les yeux et de ne les ouvrir qu'au moment où je lui dirais de le faire, il faisait tout ce que je voulais et se laissait conduire devant mon petit jardin, alors je criais : " Papa ouvre les yeux : " Il les ouvrait et s'extasiait pour me faire plaisir, admirant ce que je croyais être un chef d'œuvre !... Je ne finirais pas si je voulais raconter mille petits traits de ce genre qui se pressent en foule dans ma mémoire... Ah ! comment pourrai-je redire toutes les tendresses que " Papa " prodiguait à sa petite reine ? Il est des choses que le cœur sent, mais que la parole et même la pensée ne peuvent arriver à rendre... Ils étaient pour moi de beaux jours, ceux où mon " roi chéri " m'emmenait à la pêche avec lui, j'aimais tant la campagne, les fleurs et les oiseaux ! Quelquefois j'essayais de pêcher avec ma petite ligne, mais je préférais aller m'asseoir seule sur l'herbe fleurie, alors mes pensées étaient bien profondes et sans savoir ce que c'était (que) de méditer, mon âme se plongeait dans une réelle oraison... J'écoutais les bruits lointains... Le murmure du vent et même la musique indécise des soldats dont le son arrivait jusqu'à moi mélancolisaient doucement mon cœur... La terre me semblait un lieu d'exil et je rêvais le Ciel... L'après-midi passait vite, bientôt il fallait rentrer aux Buissonnets, mais avant de partir je prenais la collation que j'avais apportée dans mon petit panier ; la belle tartine de confitures que vous m'aviez préparée avait changé d'aspect et au lieu de sa vive couleur je ne voyais plus qu'une légère teinte rose, toute vieillie et rentrée... alors la terre me semblait encore plus triste et je comprenais qu'au Ciel seulement la joie serait sans nuages... A propos de nuages, je me souviens qu'un jour le beau Ciel bleu de la campagne s'en couvrit et que bientôt l'orage se mit à gronder, les éclairs sillonnaient les nuages sombres et je vis à quelque distance tomber le tonnerre ; loin d'en être effrayée, j'étais ravie, il me semblait que le Bon Dieu était si près de moi !... Papa n'était pas tout à fait aussi content que sa petite reine, non que l'orage lui fît peur, mais l'herbe et les grandes pâquerettes (qui étaient plus hautes que moi) étincelaient de pierres précieuses, il nous fallait traverser plusieurs prairies avant de trouver une route et mon petit père chéri, craignant que les diamants mouillent sa petite fille, la prit malgré son bagage de lignes et l'emporta sur son dos. Pendant les promenades que je faisais avec papa, il aimait à me faire porter l'aumône aux pauvres que nous rencontrions ; un jour nous en vîmes un qui se traînait péniblement sur des béquilles, je m'approchai pour lui donner un sou, mais ne se trouvant pas assez pauvre pour recevoir l'aumône, il me regarda en souriant tristement et refusa de prendre ce que je lui offrais. Je ne puis dire ce qui se passa dans mon cœur, j'aurais voulu le consoler, le soulager ; au lieu de cela je pensais lui avoir fait de la peine, sans doute le pauvre malade devina ma pensée, car je le vis se détourner et me sourire. Papa venait de m'acheter un gâteau, j'avais bien envie de le lui donner mais je n'osai pas, cependant je voulais lui donner quelque chose qu'il ne puisse me refuser, car je sentais pour lui une sympathie très grande, alors je me rappelai avoir entendu dire que le jour de la première communion on obtenait tout ce qu'on demandait cette pensée me consola et bien que je n'eusse encore que six ans, je me dis : " Je prierai pour mon pauvre le jour de ma première communion. " Je tins ma promesse cinq ans plus tard et j'espère que le bon Dieu exauça la prière qu'Il m'avait inspirée de Lui adresser pour un de ses membres souffrants...

J'aimais beaucoup le Bon Dieu et je lui donnais bien souvent mon cœur en me servant de la petite formule que maman m'avait apprise, cependant un jour ou plutôt un soir du beau mois de Mai je fis une faute qui vaut bien la peine d'être rapportée, elle me donna un grand sujet de m'humilier et je crois en avoir eu la contrition parfaite. Etant trop petite pour aller au mois de Marie je restais avec Victoire (NHA 207) et faisais avec elle mes dévotions devant mon petit mois de Marie que j'arrangeais à ma façon ; tout était si petit : chandeliers et pots de fleurs que deux allumettes-bougies l'éclairaient parfaitement ; quelquefois Victoire me faisait la surprise de me donner deux petits bouts de rat-de-cave mais c'était rare. Un soir tout était prêt pour nous mettre en prière, je lui dis " Victoire, voulez-vous commencer le souvenez-vous je vais allumer. « Elle fit semblant de commencer, mais elle ne dit rien et me regarda en riant ; moi qui voyais mes précieuses allumettes se consumer rapidement, je la suppliai de faire la prière, elle continua de se taire ; alors me levant, je me mis à lui dire bien haut qu'elle était méchante, et sortant de ma douceur habituelle, je frappai du pied de toutes mes forces... Cette pauvre Victoire n'avait plus envie de rire, elle me regarda avec étonnement et me montra du rat-de-cave qu'elle m'avait apporté... après avoir répandu des larmes de colère, je versai des larmes d'un sincère repentir ayant le ferme propos de ne plus jamais recommencer !... Une autre fois il m'arriva une autre aventure avec Victoire mais de celle-ci je n'eus aucun repentir, car je gardai parfaitement mon calme. Je voulais avoir un encrier qui se trouvait sur la cheminée de la cuisine ; étant trop petite pour le prendre, je demandai bien gentiment à Victoire de me le donner, mais elle refusa me disant de monter sur une chaise. Je pris une chaise sans rien dire, mais en pensant qu'elle n'était pas aimable ; voulant le lui faire sentir, je cherchai dans ma petite tête ce qui m'offensait le plus, elle m'appelait souvent quand elle était ennuyée de moi : " petite mioche ", ce qui m'amusait beaucoup. Alors avant de sauter au bas de ma chaise, je me détournai avec dignité et je lui dis : " Victoire, vous êtes une mioche " Puis je me sauvai, la laissant méditer la profonde parole que je venais de lui adresser... Le résultat ne se fit pas attendre, bientôt je l'entendis qui criait : " M'amzelle Mari... Thérasse vient d'me dire que j'suis une mioche ! " Marie vint et me fit demander pardon, mais je le fis sans contrition, trouvant que puisque Victoire n'avait pas voulu allonger son grand bras me rendre un petit service elle, méritait le titre de mioche. Cependant elle m'aimait beaucoup et je l'aimais bien aussi ; un jour elle me tira d'un grand péril où j'étais tombée par ma faute. Victoire repassait ayant à côté d'elle un seau avec de l'eau dedans, moi je la regardais en me balançant (comme à mon habitude) sur une chaise, tout à coup la chaise me manque et je tombe, non pas par terre, mais dans le fond du seau !... Mes pieds touchaient ma tête et je remplissais le seau comme un petit poulet remplit son œuf !... Cette pauvre Victoire me regardait avec une surprise extrême, n'ayant jamais vu pareille chose. J'avais bien envie de sortir au plus tôt de mon seau, mais impossible, ma prison était si juste que je ne pouvais pas faire un mouvement. Avec un peu de peine elle me sauva de mon grand péril, mais non pas ma robe et tout le reste qu'elle fut obligée de me changer, car j'étais trempée comme une soupe. Une autre fois je tombai dans la cheminée, heureusement le feu n'était pas allumé. Victoire n'eut que le mal de me relever et de secouer la cendre dont j'étais remplie. C'était le mercredi, alors que vous étiez au chant avec Marie, que toutes ces aventures m'arrivaient. Ce fut aussi un mercredi que Monsieur Ducellier (NHA 208) vint pour faire une visite. Victoire lui ayant dit qu'il n'y avait personne à la maison que la petite Thérèse, il entra dans la cuisine pour me voir et regarda mes devoirs ; j'étais bien fière de recevoir mon confesseur, car peu de temps avant je m'étais confessée pour la première fois. Quel doux souvenir pour moi !... O ma Mère chérie ! avec quel soin ne m'aviez-vous pas préparée me disant que ce n'était pas à un homme, mais au Bon Dieu, que j'allais dire mes péchés ; j'en étais vraiment bien convaincue aussi je fis ma confession avec un grand esprit de foi et même je vous demandai s'il ne fallait pas dire à Monsieur Ducellier que je l'aimais de tout mon cœur puisque c'était au Bon Dieu que j'allais parler en sa personne... Bien instruite de tout ce que je devais dire et faire, j'entrai dans le confessionnal et me mis à genoux, mais en ouvrant le guichet Monsieur Ducellier ne vit personne, j'étais si petite que ma tête se trouvait sous la banquette où l'on s'appuie les mains, alors il me dit de rester debout ; obéissant aussitôt, je me levai et me tournant juste en face de lui pour bien le voir, je fis ma confession comme une grande fille et je reçus sa bénédiction avec une grande dévotion, car vous m'aviez dit qu'à ce moment les larmes du Petit Jésus allaient purifier mon âme. Je me souviens que la première exhortation qui me fut adressée m'invita surtout à la dévotion envers la Sainte Vierge et je me promis de redoubler de tendresse pour elle. (NHA 209) En sortant du confessionnal, j'étais si contente et si légère que jamais je n'avais senti autant de joie dans mon âme. Depuis je retournai me confesser à toutes les grandes fêtes et c'était une vraie joie pour moi à chaque fois que j'y allais. Les fêtes !... ah ! que ce mot rappelle de souvenirs !... Les fêtes, je les aimais tant !... Vous saviez si bien m'expliquer ma Mère chérie, tous les mystères cachés sous chacune d'elles que c'étaient vraiment pour moi des jours du Ciel. J'aimais surtout les processions du Saint-Sacrement, quelle joie de semer des fleurs sous les pas du Bon Dieu... mais avant de les y laisser tomber je les lançais le plus haut que je pouvais et je n'étais jamais aussi heureuse qu'en voyant mes roses effeuillées toucher l'ostensoir sacré... Les fêtes ! ah ! si les grandes étaient rares, chaque semaine en ramenait une bien chère à mon cœur : " Le dimanche ! Quelle journée que celle du dimanche !... C'était la fête du Bon Dieu, la fête du repos. D'abord je restais dans le dodo plus longtemps que les autres jours et puis maman Pauline gâtait sa petite fille, lui apportant son chocolat dans son dodo, ensuite elle l'habillait comme une petite reine... Marraine venait friser filleule qui n'était pas toujours gentille quand on lui tirait les cheveux, mais ensuite elle était bien contente d'aller prendre la main de son Roi qui, ce jour-là, l'embrassait encore plus tendrement qu'à l'ordinaire, puis toute la famille partait à la Messe. Tout le long du chemin et même dans l'église, la petite " Reine à Papa " lui donnait la main, sa place était à côté de lui et quand nous étions obligés de descendre pour le sermon il fallait trouver encore deux chaises l'une auprès de l'autre. Ce n'était pas bien difficile, tout le monde avait l'air de trouver cela si gentil de voir un si beau vieillard avec une si petite fille que les personnes se dérangeaient pour donner leurs places. Mon oncle qui se trouvait dans les bancs des marguilliers se réjouissait de nous voir arriver, il disait que j'étais son petit rayon de Soleil... Moi je ne m'inquiétais guère d'être regardée, écoutant bien attentivement les sermons auxquels cependant je ne comprenais pas grand'chose ; le premier que je compris et qui me toucha profondément fut un sermon sur la Passion prêché par Monsieur Ducellier et depuis je compris tous les autres sermons. Quand le prédicateur parlait de Sainte Thérèse, papa se penchait et me disait tout bas : " Écoute bien, ma petite reine, on parle de ta Sainte Patronne " J'écoutais bien en effet, mais je regardais papa plus souvent que le prédicateur, sa belle figure me disait tant de choses !... Parfois ses yeux se remplissaient de larmes qu'il s'efforçait en vain de retenir, il semblait déjà ne plus tenir à la terre, tant son âme aimait à se plonger dans les vérités éternelles... Cependant sa course était bien loin d'être achevée, de longues années devaient s'écouler avant que le beau Ciel s'ouvrît à ses yeux ravis et que le Seigneur essuyât les larmes de son bon et fidèle serviteur !... (Ap 21,4 Mt 25,21) Mais je reviens à ma journée du dimanche. Cette joyeuse journée qui passait si rapidement avait bien sa teinte de mélancolie. Je me souviens que mon bonheur était sans mélange jusqu'a complies, pendant cet office, je pensais que le jour du repos allait finir... que le lendemain il faudrait recommencer la vie, travailler, apprendre des leçons, et mon cœur sentait l'exil de la terre... je soupirais après le repos éternel du Ciel, le dimanche sans couchant de la Patrie !... Il n'est pas jusqu'aux promenades que nous faisions avant de rentrer aux Buissonnets qui ne laissaient un sentiment de tristesse dans mon âme ; alors la famille n'était plus au complet puisque pour faire plaisir à mon Oncle, Papa lui laissait le soir de chaque dimanche Marie ou Pauline ; seulement j'étais bien contente quand je restais aussi. J'aimais mieux cela que d'être invitée toute seule parce qu'on faisait moins attention à moi. Mon plus grand plaisir était d'écouter tout ce que mon Oncle disait, mais je n'aimais pas qu'il m'interroge et j'avais bien peur quand il me mettait sur un seul de ses genoux en chantant Barbe-bleue d'une voix formidable... C'était avec plaisir que je voyais Papa venir nous chercher. En revenant je regardais les étoiles qui scintillaient doucement et cette vue me ravissait... Il y avait surtout un groupe de perles d'or que je remarquais avec joie trouvant qu'il avait la forme d'un T (voici à peu près sa forme : *I*) je le faisais voir à Papa en lui disant que mon nom était écrit dans le Ciel (Lc 10,20) et puis ne voulant rien voir de la vilaine terre, je lui demandais de me conduire ; alors sans regarder où je posais les pieds, je mettais ma petite tête bien en l'air ne me lassant pas de contempler l'azur étoilé !... Que pourrai-je dire des veillées d'hiver, surtout de celles du dimanche ? Ah ! qu'il m'était doux après la partie de damier de m'asseoir avec Céline sur les genoux de Papa... (NHA 210) De sa belle voix, il chantait des airs remplissant l'âme de pensées profondes... ou bien, nous berçant doucement, il récitait des poésies empreintes des vérités éternelles... Ensuite nous montions pour faire la prière en commun et la petite reine était toute seule auprès de son Roi, n'ayant qu'à le regarder pour savoir comment prient les Saints... A la fin, nous venions toutes par rang d'âge dire bonsoir à papa et recevoir un baiser ; la reine venait naturellement la dernière, le roi, pour l'embrasser, la prenait par les coudes et celle-ci s'écriait bien haut : " Bonsoir Papa, bonne nuit, dors bien ", c'était tous les soirs la même répétition... Ensuite ma petite maman me prenait entre ses bras et m'emportait dans le lit de Céline, alors je disais : " Pauline, est-ce que j'ai été bien mignonne aujourd'hui ?... Est-ce que les petits anges vont voler autour de moi ? " Toujours la réponse était oui, autrement j'aurais passé la nuit tout entière à pleurer... Après m'avoir embrassée ainsi que ma chère marraine, Pauline redescendait et la pauvre petite Thérèse restait toute seule dans l'obscurité ; elle avait beau se représenter les petits anges volant autour d'elle, la frayeur la gagnait bientôt, les ténèbres lui faisaient peur, car elle ne voyait pas de son lit les étoiles qui scintillaient doucement... Je regarde comme une vraie grâce d'avoir été habituée par vous, ma Mère chérie, à surmonter mes frayeurs ; parfois vous m'envoyiez seule, le soir, chercher un objet dans une chambre éloignée ; si je n'avais pas été si bien dirigée je serais devenue très peureuse, au lieu que maintenant je suis vraiment difficile à effrayer... Je me demande parfois comment vous avez pu m'élever avec tant d'amour et de délicatesse sans me gâter, car il est vrai que vous ne me passiez pas une seule imperfection, jamais vous ne me faisiez de reproche sans sujet, mais jamais vous ne reveniez sur une chose que vous aviez décidée ; je le savais si bien que je n'aurais pas pu ni voulu faire un pas si vous me l'aviez défendu. Papa lui-même était obligé de se conformer à votre volonté, sans le consentement de Pauline je n'allais pas me promener et quand Papa me disait de venir je répondais : « Pauline ne veut pas » alors il venait demander ma grâce, quelquefois pour lui faire plaisir Pauline disait oui, mais la petite Thérèse voyait bien à son air que ce n'était pas de bon cœur, elle se mettait à pleurer sans accepter de consolations jusqu'à ce que Pauline dise oui et l'embrasse de bon cœur ! Lorsque la petite Thérèse était malade, ce qui lui arrivait tous les hivers, (NHA 211) il n'est pas possible de dire avec quelle tendresse maternelle elle était soignée. Pauline la faisait coucher dans son lit (faveur incomparable) et puis elle lui donnait tout ce dont elle avait envie. Un jour Pauline tira de dessous le traversin un joli petit couteau à elle et le donnant à sa petite fille la laissa plongée dans un ravissement qui ne peut se décrire : " Ah ! Pauline, s'écria-t-elle, tu m'aimes donc bien que tu te prives pour moi de ton joli petit couteau qui a une étoile en nacre ? Mais puisque tu m'aimes tant, ferais-tu bien le sacrifice de ta montre pour m'empêcher de mourir ?... " " Non seulement pour t'empêcher de mourir, je donnerais ma montre, mais seulement pour te voir bientôt guérie j'en ferais tout de suite le sacrifice. " En écoutant ces paroles de

Pauline, mon étonnement et ma reconnaissance étaient si grands que je ne puis les exprimer... En été j'avais quelquefois mal au cœur. Pauline me soignait encore avec tendresse ; pour m'amuser, ce qui était le meilleur des remèdes, elle me promenait en brouette tout autour du jardin et puis, me faisant descendre, elle mettait ma place un joli petit pied de pâquerettes qu'elle promenait avec bien de la précaution jusqu'à mon jardin où il prenait place en grande pompe... C'était Pauline qui recevait toutes mes confidences intimes, qui éclaircissait tous mes doutes... Une fois je m'étonnais de ce que le Bon Dieu ne donne pas une gloire égale dans le Ciel à tous les élus, et j'avais peur que tous ne soient pas heureux ; alors Pauline me dit d'aller chercher le grand " verre à Papa " et de le mettre à côté de mon tout petit dé, puis de les remplir d'eau, ensuite elle me demanda lequel était le plus plein. Je lui dis qu'ils étaient aussi pleins l'un que l'autre et qu'il était impossible de mettre plus d'eau qu'ils n'en pouvaient contenir. Ma Mère chérie me fit alors comprendre qu'au Ciel le Bon Dieu donnerait à ses élus autant de gloire qu'ils en pourraient porter et qu'ainsi le dernier n'aurait rien à envier au premier. C'était ainsi que mettant à ma portée les plus sublimes secrets, Vous saviez, ma Mère, donner à mon âme la nourriture qui lui était nécessaire... Avec quelle joie je voyais chaque année arriver la distribution des prix !... Là comme toujours, la justice était gardée et je n'avais que les récompenses méritées ; toute seule, debout au milieu de la noble assemblée, j'écoutais ma sentence lue par " le Roi de France et de Navarre " le cœur me battait bien fort en recevant les prix et la couronne... c'était pour moi comme une image du jugement... Aussitôt après la distribution, la petite Reine quittait sa robe blanche, puis on se dépêchait de la déguiser afin qu'elle prenne part à la grande représentation !... Ah ! comme elles étaient joyeuses ces fêtes de famille... Comme j'étais loin alors en voyant mon Roi chéri si radieux, de prévoir les épreuves qui devaient le visiter !... Un jour cependant, le Bon Dieu me montra dans une vision vraiment extraordinaire, l'image vivante de l'épreuve qu'Il se plaisait à nous préparer d'avance, son calice se remplissant déjà. (NHA 212) Papa était en voyage depuis plusieurs jours, il devait encore s'en écouler deux avant son retour. Il pouvait être deux ou trois heures de l'après-midi, le soleil brillait d'un vif éclat et toute la nature semblait en fête. Je me trouvais seule à la fenêtre d'une mansarde donnant sur le grand jardin ; je regardais devant moi, l'esprit occupé de pensées riantes, quand je vis, devant la buanderie qui se trouvait juste en face, un homme vêtu absolument comme Papa, ayant la même taille et la même démarche, seulement il était beaucoup plus courbé... Sa tête était couverte d'une espèce de tablier de couleur indécise en sorte que je ne pus voir son visage. Il portait un chapeau semblable à ceux de Papa. Je le vis s'avancer d'un pas régulier, longeant mon petit jardin... Aussitôt un sentiment de frayeur surnaturelle envahit mon âme, mais en un instant je réfléchis que sans doute Papa était de retour et qu'il se cachait afin de me surprendre ; alors j'appelai bien haut d'une voix tremblante d'émotion : " Papa, Papa !... " Mais le mystérieux personnage ne paraissant pas m'entendre, continua sa marche régulière sans même se détourner ; le suivant des yeux, je le vis se diriger vers le bosquet qui coupait la grande allée en deux, je m'attendais à le voir reparaître de l'autre côté des grands arbres, mais la vision prophétique s'était évanouie !... Tout ceci ne dura qu'un instant, mais se grava si profondément en mon cœur qu'aujourd'hui, après onze ans... le souvenir m'en est aussi présent que si la vision était encore devant mes yeux... Marie était avec vous, ma Mère, dans une chambre communiquant avec celle où je me trouvais ; m'entendant appeler Papa, elle ressentit une impression de frayeur,... sentant, m'a-t-elle dit depuis, qu'il devait se passer quelque chose d'extraordinaire ; sans me laisser voir son émotion elle accourut auprès de moi, me demandant ce qui me prenait d'appeler Papa qui était à Alençon ; je racontai alors ce que je venais de voir. Pour me rassurer, Marie me dit que c'était sans doute Victoire qui pour me faire peur s'était caché la tête avec son tablier, mais interrogée, Victoire assura n'avoir pas quitté sa cuisine ; d'ailleurs, j'étais bien sûre d'avoir vu un homme et que cet homme avait la tournure de Papa, alors nous allâmes toutes les trois derrière le massif d'arbres, mais n'ayant trouvé aucune marque indiquant le passage de quelqu'un, vous m'avez dit de ne plus penser à cela... Ne plus y penser n'était pas en mon pouvoir, bien souvent mon imagination me représenta la scène mystérieuse que j'avais vue... bien souvent j'ai cherché à lever le voile qui m'en dérobait le sens, car j'en gardai au fond du cœur la conviction intime, cette vision avait un sens qui devait m'être révélé un jour... Ce jour s'est fait longtemps attendre mais après quatorze ans le Bon Dieu a lui-même déchiré le voile mystérieux. Étant en licence avec sœur Marie du Sacré-cœur (NHA 213) nous parlions comme toujours des choses de l'autre vie et de nos souvenirs d'enfance, quand je lui rappelai la vision que j'avais eue à l'age de six à sept ans ; tout à coup, en rapportant les détails de cette scène étrange, nous comprîmes en même temps ce qu'elle signifiait... C'était bien Papa que j'avais vu, s'avançant courbé par l'âge... C'était bien lui, portant sur son visage vénérable, sur sa tête blanchie, le signe de sa glorieuse épreuve... (NHA 214) Comme la Face Adorable de Jésus qui fut voilée pendant sa passion, (Lc 22,64 Mt 25,21) ainsi la face de son fidèle serviteur devait être voilée aux jours de ses douleurs, afin de pouvoir rayonner dans la Céleste Patrie auprès de son Seigneur, le Verbe Éternel... (Jn 1,1) C'est du sein de cette gloire ineffable, alors qu'il régnait dans le Ciel, que notre Père chéri nous a obtenu la grâce de comprendre la vision que sa petite reine avait eue à un âge où l'illusion n'est pas à craindre. C'est du sein de la gloire qu'il nous a obtenu cette douce consolation de comprendre que dix avant notre grande épreuve le Bon Dieu nous la montrait déjà, comme un Père fait entrevoir à ses enfants l'avenir glorieux qu'il leur prépare et se complaît à considérer d'avance les richesses sans prix qui doivent être leur partage... Ah ! pourquoi est-ce à moi que le Bon Dieu a donné cette lumière ? Pourquoi a-t-il montré à une enfant si petite une chose qu'elle ne pouvait comprendre, une chose qui, si elle l'avait comprise, l'aurait fait mourir de douleur, pourquoi ?... C'est là un de ces mystères que sans doute nous comprendrons dans le Ciel et qui fera notre éternelle admiration !... Que le Bon Dieu est bon !... comme il proportionne les épreuves aux forces qu'Il nous donne. Jamais, comme je viens de le dire, je n'aurais pu supporter même la pensée des peines amères que l'avenir me réservait... Je ne pouvais pas même penser sans frémir que Papa pouvait mourir... Une fois il était monté sur le haut d'une échelle et comme je restais juste dessous il me cria : " Éloigne-toi paup'tit, si je tombe je vais t'écraser. " En entendant cela, je ressentis une révolte intérieure, au lieu de m'éloigner je me collai contre l'échelle en pensant : " Au moins si Papa tombe, je ne vais pas avoir la douleur de le voir mourir, puisque je vais mourir avec lui ! " Je ne puis dire ce que j'aimais Papa, tout en lui me causait de l'admiration ; quand il m'expliquait ses pensées (comme si j'avais été une grande fille) je lui disais naïvement que, bien sûr, s'il disait tout cela aux grands hommes du gouvernement, ils le prendraient pour le faire Roi et qu'alors la France serait heureuse comme elle ne l'avait jamais été... Mais dans le fond j'étais contente (et me le reprochais comme pensée d'égoïsme) qu'il n'y ait que moi à bien connaître Papa, car s'il était devenu Roi de France et de Navarre je savais qu'il aurait été malheureux puisque c'est le sort de tous les monarques et surtout il n'aurait plus été mon Roi à moi toute seule !... J'avais six ou sept ans lorsque Papa nous conduisit à Trouville. (NHA 215) Jamais je n'oublierai l'impression que me fit la mer, je ne pouvais m'empêcher de la regarder sans cesse ; sa majesté, le mugissement de ses flots, tout parlait à mon âme de la Grandeur et de la Puissance du Bon Dieu.

Je me rappelle que pendant la promenade que nous faisions sur la plage, un Monsieurr et une Dame me regardèrent courant joyeusement autour de Papa et s'approchant, ils lui demandèrent si j'étais à lui, et dirent que j'étais une bien gentille petite fille. Papa Peur répondit que oui, mais je m'aperçus qu'il leur fit signe de ne pas me faire de compliments... C'était la première fois que j'entendais dire que j'étais gentille, cela me fit bien plaisir, car je ne le croyais pas ; vous faisiez une si grande attention, ma Mère chérie, à ne laisser auprès de moi aucune chose qui pût ternir mon innocence, à ne me laisser surtout entendre aucune parole capable de faire glisser la vanité dans mon cœur. Comme je ne faisais attention qu'à vos paroles et à celles de Marie (et jamais vous ne m'aviez adressé un seul compliment), je n'attachai pas beaucoup d'importance aux paroles et aux regards admiratifs de la dame.

Le soir, à l'heure où le soleil semble se baigner dans l'immensité des flots laissant devant lui un rayon lumineux, j'allai m'asseoir toute seule sur un rocher avec Pauline... Alors je me rappelai la touchante histoire " Du sillon d'or !... " (NHA 216) Je contemplai longtemps ce sillon lumineux, image de la grâce illuminant le chemin que doit parcourir le petit vaisseau à la gracieuse voile blanche... Près de Pauline, je pris la résolution de ne jamais éloigner mon âme du regard de Jésus, afin qu'elle vogue en paix vers la Patrie des Cieux !... Ma vie s'écoulait tranquille et heureuse, l'affection dont j'étais entourée aux Buissonnets me faisait pour ainsi dire grandir, mais j'étais sans doute assez grande pour commencer à lutter, pour commencer à connaître le monde et les misères dont il est rempli... J'avais huit ans et demi lorsque Léonie sortit de pension et je la remplaçai à l'Abbaye. (NHA 301) J'ai souvent entendu dire que le temps passé au pensionnat est le meilleur et le plus doux de la vie, il n'en fut pas ainsi pour moi, les cinq années que j'y passai furent les plus tristes de ma vie ; si je n'avais pas eu avec moi ma Céline chérie, je n'aurais pas pu y rester un seul mois sans tomber malade... La pauvre petite fleur avait été habituée à plonger ses fragiles racines dans une terre choisie, faite exprès pour elle, aussi lui sembla-t-il bien dur de se voir au milieu de fleurs de toute espèce, aux racines souvent bien peu délicates, et d'être obligée de trouver dans une terre commune le suc nécessaire à sa subsistance !... Vous m'aviez si bien instruite, ma Mère chérie, u'en arrivant en pension j'étais la plus avancée des enfants de mon âge ; je fus placée dans une classe d'élèves toutes plus grandes que moi, l'une d'elles âgée de treize à quatorze ans était peu intelligente, mais savait cependant en imposer aux élèves et même aux maîtresses. Me voyant si jeune, presque toujours la première de ma classe et chérie de toutes les religieuses, elle en éprouva sans doute une jalousie bien pardonnable à une pensionnaire et me fit payer de mille manières mes petits succès... Avec ma nature timide et délicate, je ne savais pas me défendre et me contentais de pleurer sans rien dire, ne me plaignant pas même à vous de ce que je souffrais, mais je n'avais pas assez de vertu pour m'élever au-dessus de ces misères de la vie et mon pauvre petit cœur souffrit beaucoup... Heureusement chaque soir je retrouvais le foyer paternel, alors mon cœur s'épanouissait, je sautais sur les genoux de mon Roi, lui disant les notes qui m'avaient été données et son baiser me faisait oublier toutes mes peines... Avec quelle joie j'annonçai le résultat de ma première composition (une composition d'Histoire Sainte), un seul point me manquait pour avoir le maximum, n'ayant pas su le nom du père de Moïse. J'étais donc la première et j'apportais une belle décoration d'argent. Pour me récompenser Papa me donna une jolie petite pièce de quatre sous que je plaçai dans une boîte et qui fut destinée à recevoir presque chaque Jeudi une nouvelle pièce, toujours de même grandeur... (c'était dans cette boîte que j'allais puiser quand à certaines grandes fêtes je voulais faire une aumône de ma bourse à la quête, soit pour la propagation de la Foi ou autres œuvres semblables). Pauline, ravie du succès de sa petite élève, lui fit cadeau d'un joli cerceau pour l'encourager à continuer d'être bien studieuse. La pauvre petite avait un réel besoin de ces joies de la famille, sans elles, la vie de pension lui aurait été trop dure. L'après-midi de chaque Jeudi c'était congé, mais ce n'était pas comme les congés de Pauline, je n'étais pas dans le belvédère avec Papa... Il fallait jouer non pas avec ma Céline, ce qui me plaisait quand j'étais toute seule avec elle, mais avec mes petites cousines et les petites Maudelonde, (NHA 302) c'était pour moi une vraie peine, ne sachant pas jouer comme les autres enfants, je n'étais pas une compagne agréable, cependant je faisais de mon mieux pour imiter les autres sans y réussir et je m'ennuyais beaucoup, surtout quand il fallait passer toute une après-midi à danser des quadrilles. La seule chose qui me plaisait c'était d'aller au jardin de l'étoile, alors j'étais la première partout, cueillant les fleurs à profusion et sachant trouver les plus jolies j'excitais l'envie de mes petites compagnes... Ce qui me plaisait encore c'était lorsque par hasard j'étais seule avec la petite Marie, n'ayant plus Céline Maudelonde pour l'entraîner à des jeux ordinaires, elle me laissait libre de choisir et je choisissais un jeu tout à fait nouveau. Marie et Thérèse devenaient deux solitaires n'ayant qu'une pauvre cabane, un petit champ de blé et quelques légumes à cultiver. Leur vie se passait dans une contemplation continuelle, c'est-à-dire que l'un des solitaires remplaçait l'autre à l'oraison lorsqu'il fallait s'occuper de la vie active. Tout se faisait avec une entente, un silence et des manières si religieuses que c'était parfait. Lorsque ma Tante venait nous chercher pour la promenade, notre jeu continuait même dans la rue. Les deux solitaires récitaient ensemble le chapelet, se servant de leurs doigts afin de ne pas montrer leur dévotion à l'indiscret public, cependant un jour le plus jeune solitaire s'oublia : ayant reçu un gâteau pour sa collation, il fit avant de le manger, un grand signe de croix, ce qui fit rire tous les profanes du siècle... Marie et moi étions toujours du même avis, nous avions si bien les mêmes goûts qu'une fois notre union de volonté passa les bornes. Revenant un soir de l'Abbaye, je dis à Marie : " Conduis-moi, je vais fermer les yeux. " " Je veux les fermer aussi, me répondit-elle. " Aussitôt dit, aussitôt fait, sans discuter chacune fit sa volonté... Nous étions sur un trottoir, il n'y avait pas à craindre les voitures ; après une agréable promenade de quelques minutes, ayant savouré les délices de marcher sans y voir, les deux petites étourdies tombèrent ensemble sur des caisses posées à la porte d'un magasin, ou plutôt elles les firent tomber, le marchand sortit tout en colère pour relever sa marchandise, les deux aveugles volontaires s'étaient bien relevées toutes seules et marchaient à grands pas, les yeux grands ouverts, écoutant les justes reproches de Jeanne qui était aussi fâchée que le marchand !... Aussi pour nous punir, elle résolut de nous séparer et depuis ce jour Marie et Céline allèrent ensemble pendant que je fis route avec Jeanne. Cela mit fin à notre trop grande union de volonté et ce ne fut pas un mal pour les aînées qui au contraire n'étaient jamais du même avis et se disputaient tout au long du chemin. La paix fut ainsi complète. Je n'ai rien dit encore de mes rapports intimes avec Céline, ah ! s'il me fallait tout raconter, je ne pourrais finir... A Lisieux les rôles avaient changé, c'était Céline qui était devenue un malin petit lutin et Thérèse n'était plus qu'une petite fille bien douce mais peureuse à l'excès,.. Cela n'empêchait pas que Céline et Thérèse s'aimaient de plus en plus ; parfois il y avait quelques petites discussions mais ce n'était pas grave et dans le fond elles étaient toujours du même avis. Je puis dire que jamais ma petite sœur chérie ne m'a fait de peine, mais qu'elle a été pour moi comme un rayon de soleil, me réjouissant et me consolant toujours... Elle prenait tant de soin de ma santé que cela m'ennuyait quelquefois. Ce qui ne m'ennuyait pas c'était de la regarder s'amuser ; elle rangeait toute la troupe de nos petites poupées et leur faisait la classe comme une habile maîtresse, seulement elle avait le soin que ses filles soient toujours sages au lieu que les miennes étaient souvent mises à la porte à cause de leur mauvaise conduite... Elle me disait toutes les choses nouvelles qu'elle venait d'apprendre dans sa classe, ce qui m'amusait beaucoup, et je la regardais comme un puits de science, j'avais reçu le titre de " petite fille à Céline ", aussi quand elle était fâchée contre moi, sa plus grande marque de mécontentement était de me dire : " Tu n'es plus ma petite fille, c'est fini, je m'en rappellerai toujours... " Alors je n'avais plus qu'à pleurer comme une Madeleine, la suppliant de me regarder encore comme sa petite fille, bientôt elle m'embrassait et me promettait de ne plus se rappeler de rien !... Pour me consoler elle prenait une de ses poupées et lui disait : " Ma chérie, embrasse ta tante. " Une fois la poupée fut si empressée de m'embrasser tendrement qu'elle me passa ses deux petits bras dans le nez... Céline qui ne l'avait pas fait exprès me regardait stupéfaite, la poupée pendue au nez ; la tante ne fut pas longtemps à repousser les étreintes trop tendres de sa nièce et se mit à rire de tout son cœur d'une aussi singulière aventure. Le plus amusant était de nous voir acheter nos étrennes, ensemble au bazar, nous nous cachions soigneusement l'une de l'autre. Ayant dix sous dépenser il nous fallait au moins cinq ou six objets différents, c'était à laquelle achèterait les plus belles choses. Ravies de nos emplettes, nous attendions avec impatience le premier jour de l'an afin de pouvoir nous offrir nos magnifiques cadeaux. Celle qui se réveillait avant l'autre s'empressait de lui souhaiter la bonne année, ensuite on se donnait les trésors : et chacune s'extasiait sur les trésors donnés pour dix sous !... Ces petits cadeaux nous faisaient presque autant de plaisir que les belles étrennes de mon oncle, d'ailleurs ce n'était que le commencement des joies. Ce jour-là nous étions vite habillées et chacune se tenait au guet pour sauter au cou de Papa ; dès qu'il sortait de sa chambre, c'étaient des cris de joie dans toute la maison et ce pauvre petit père paraissait heureux de nous voir si contentes... les étrennes que Marie et Pauline donnaient à leurs petites filles n'avaient pas une grande valeur mais elles leur donnaient aussi une grande joie... Ah ! qu'à cet âge nous n'étions pas blasées, notre âme dans toute sa fraîcheur s'épanouissait comme une fleur heureuse de recevoir la rosée du matin... le même souffle faisait balancer nos corolles et ce qui faisait de la joie à l'une en faisait en même temps à l'autre. Oui nos joies étaient communes, je l'ai bien senti au beau jour de la première Communion de ma Céline chérie. Je n'allais pas encore à l'Abbaye n'ayant que sept ans mais j'ai conservé en mon cœur le très doux souvenir de la préparation que vous, ma Mère chérie avez fait faire à Céline ; chaque soir vous la preniez sur vos genoux et lui parliez de la grande action qu'elle allait faire ; moi j'écoutais avide de me préparer aussi, mais bien souvent vous me disiez de m'en aller parce que j'étais trop petite, alors mon cœur était bien gros et je pensais que ce n'était pas trop de quatre années pour se préparer recevoir le Bon Dieu... Un soir, je vous entendis qui disiez qu'à partir de la première Communion, il fallait commencer une nouvelle vie, aussitôt je résolus de ne pas attendre ce jour-là mais d'en commencer une en même temps que Céline... Jamais je n'avais autant senti que je l'aimais comme je le sentis pendant sa retraite de trois jours ; pour la première fois de ma vie, j'étais loin d'elle, e ne couchais pas dans son lit... Le premier jour, ayant oublié qu'elle n'allait pas revenir, j'avais gardé un petit bouquet de cerises que Papa m'avait acheté pour le manger avec elle, ne la voyant pas arriver j'eus bien du chagrin. Papa me consola en me disant qu'il me conduirait à l'Abbaye le lendemain pour voir ma Céline et que je lui donnerais un autre bouquet de cerises !... Le jour de la première communion de Céline me laissa une impression semblable à celle de la mienne ; en me réveillant le matin toute seule dans le grand lit, je me sentis inondée de joie. " C'est aujourd'hui !... Le grand jour est arrivé... " je ne me lassais pas de répéter ces paroles. Il me semblait que c'était moi qui allais faire ma première Communion. Je crois que j'ai reçu de grandes grâces ce jour-là et je le considère comme un des plus beaux de ma vie... Je suis retournée un peu en arrière pour rappeler ce délicieux et doux souvenir, maintenant je dois parler de la douloureuse épreuve qui vint briser le cœur de la petite Thérèse, lorsque Jésus lui ravit sa chère maman, sa Pauline si tendrement aimée !... Un jour, j'avais dit à Pauline que je voudrais être solitaire, m'en aller avec elle dans un désert lointain, elle m'avait répondu que mon désir était le sien et qu'elle attendrait que je sois assez grande pour partir. Sans doute ceci n'était pas dit sérieusement, mais la petite Thérèse l'avait pris au sérieux ; aussi quelle ne fut pas sa douleur d'entendre un jour sa chère Pauline parler avec Marie de son entrée prochaine au Carmel... je ne savais pas ce qu'était le Carmel, mais je comprenais que Pauline allait me quitter pour entrer dans un couvent, je comprenais qu'elle ne m'attendrait pas et que j'allais perdre ma seconde Mère... Ah ! Comment pourrais-je dire l'angoisse de mon cœur ? En un instant je compris ce qu'était la vie ; jusqu'alors je ne l'avais pas vue si triste mais elle m'apparut dans toute sa réalité, je vis qu'elle n'était qu'une souffrance et qu'une séparation continuelle. Je versais des larmes bien amères, car je ne comprenais pas encore la joie du sacrifice, j'étais faible, si faible que je regarde comme une grande grâce d'avoir pu supporter une épreuve qui semblait être bien au-dessus de mes forces !... Si j'avais appris tout doucement le départ de ma Pauline chérie, je n'aurais peut-être pas autant souffert mais l'ayant appris par surprise, ce fut comme si un glaive s'était enfoncé dans mon cœur... (Lc 2,35) Je me souviendrai ma Mère chérie, avec quelle tendresse vous m'avez consolée... Puis vous m'avez expliqué la vie du Carmel qui me sembla bien belle ! En repassant dans mon esprit tout ce que vous m'avez dit, je sentis que le Carmel était le désert où le Bon Dieu voulait que j'aille aussi me cacher... je le sentis avec tant de force qu'il n'y eut pas le moindre doute dans mon cœur ; ce n'était pas un rêve d'enfant qui se laisse entraîner, mais la certitude d'un appel Divin ; je voulais aller au Carmel non pour Pauline mais pour Jésus seul... Je pensais beaucoup de choses que les paroles ne peuvent rendre, mais qui laissèrent une grande paix dans mon âme. Le lendemain je confiai mon secret à Pauline qui regardant mes désirs comme la volonté du Ciel, me dit que bientôt j'irais avec elle voir la Mère Prieure du Carmel et qu'il faudrait lui dire ce que le Bon Dieu me faisait sentir... Un dimanche fut choisi pour cette solennelle visite, mon embarras fut grand quand j'appris que Marie G. (NHA 203) devait rester avec moi, étant encore assez petite pour voir les carmélites ; il fallait cependant que je trouve le moyen de rester seule, voici ce qui me vint à la pensée : je dis à Marie qu'ayant le privilège de voir la Mère Prieure, il fallait être bien gentilles et très polies, pour cela nous devions lui confier nos secrets, donc chacune à notre tour il fallait sortir un moment et laisser l'autre toute seule. Marie me crut sur parole et malgré sa répugnance à confier des secrets qu'elle n'avait pas, nous restâmes seules, l'une après l'autre, auprès de notre Mère.

Ayant entendu mes grandes confidences Mère Marie de Gonzague crut à ma vocation, mais elle me dit qu'on ne recevait pas de postulantes de neuf ans et qu'il faudrait attendre mes seize ans... Je me résignai malgré mon vif désir d'entrer le plus tôt possible et de faire ma première Communion le jour de la prise d'Habit de Pauline... Ce fut ce jour-là que je reçus des compliments pour la seconde fois. sœur Thérèse de Saint Augustin étant venue me voir, ne se lassait pas de dire que j'étais gentille... je ne comptais pas venir au Carmel pour recevoir des louanges, aussi après le parloir, je ne cessai de répéter au Bon Dieu que c'était pour Lui tout seul que je voulais être carmélite. Je tâchai de bien profiter de ma Pauline chérie pendant les quelques semaines qu'elle resta encore dans le monde ; chaque jour, Céline et moi lui achetions un gâteau et des bonbons, pensant que bientôt elle n'en mangerait plus ; nous étions toujours à ses côtés ne lui laissant pas une minute de repos. Enfin le 2 octobre arriva, jour de larmes et de bénédictions où Jésus cueillit la première de ses fleurs, qui devait être la mère de celles qui viendraient la rejoindre peu d'années après. Je vois encore la place où je reçus le dernier baiser de Pauline, ensuite ma Tante nous emmena toutes à la messe pendant que Papa allait sur la montagne du Carmel offrir son premier sacrifice... Toute la famille était en larmes en sorte que nous voyant entrer dans l'église les personnes nous regardaient avec étonnement, mais cela m'était bien égal et ne m'empêchait pas de pleurer, je crois que si tout avait croulé autour de moi je n'y aurais fait aucune attention, je regardais le beau Ciel bleu et je m'étonnais que le Soleil puisse luire avec autant d'éclat, alors que mon âme était inondée de tristesse !... Peut-être, ma Mère chérie, trouvez-vous que j'exagère la peine que j'ai ressentie ?... Je me rends bien compte qu'elle n'aurait pas dû être aussi grande, puisque j'avais l'espoir de vous retrouver au Carmel ; mais mon âme était loin d'être mûrie, je devais passer par bien des creusets avant d'atteindre le terme tant désiré... Le 2 octobre était le jour fixé pour la rentrée de l'Abbaye, il me fallut donc y aller malgré ma tristesse... L'après-midi ma Tante vint nous chercher pour aller au Carmel et je vis ma Pauline chérie derrière les grilles... Ah ! que j'ai souffert à ce parloir du Carmel ! Puisque j'écris l'histoire de mon âme, je dois tout dire à ma Mère chérie, et j'avoue que les souffrances qui avaient précédé son entrée ne furent rien en comparaison de celles qui suivirent... Tous les Jeudis nous allions en famille au Carmel et moi, habituée à m'entretenir cœur à cœur avec Pauline, j'obtenais à grand'peine deux ou trois minutes à la fin du parloir, bien entendu je les passais à pleurer et m'en allais le cœur déchiré,.. Je ne comprenais pas que c'était par délicatesse pour ma Tante que vous adressiez de préférence la parole à Jeanne et à Marie au lieu de parler à vos petites filles..., je ne comprenais pas et je disais au fond de mon cœur : " Pauline est perdue pour moi !... " Il est surprenant de voir combien mon esprit se développa au sein de la souffrance ; il se développa à tel point que je ne tardai pas à tomber malade. La maladie ont je fus atteinte venait certainement du démon, furieux de votre entrée au Carmel, il voulut se venger sur moi du tort que notre famille devait lui faire dans l'avenir, mais il ne savait pas que la douce Reine du Ciel veillait sur sa fragile petite fleur, qu'elle lui souriait du haut de son trône et s'apprêtait à faire cesser la tempête au moment où sa fleur devait se briser sans retour... Vers la fin de l'année je fus prise d'un mal de tête continuel mais qui ne me faisait presque pas souffrir, je pouvais poursuivre mes études et personne ne s'inquiétait de moi, ceci dura jusqu'à la fête de Pâques de 1883. Papa étant allé à Paris avec Marie et Léonie, ma Tante me prit chez elle avec Céline. Un soir mon Oncle m'ayant emmenée avec lui, il me parla de Maman, des souvenirs passés, avec une bonté qui me toucha profondément et me fit pleurer ; alors il dit que j'avais trop de cœur, qu'il me fallait beaucoup de distraction et résolut avec ma tante de nous procurer du plaisir pendant les vacances de Pâques. Ce soir-là nous devions aller au cercle catholique, mais trouvant que j'étais trop fatiguée, ma Tante me fit coucher ; en me déshabillant, je fus prise d'un tremblement étrange, croyant que j'avais froid ma Tante m'entoura de couvertures et de bouteilles chaudes, mais rien ne put diminuer mon agitation qui dura presque toute la nuit. Mon Oncle, en revenant du cercle catholique avec mes cousines et Céline, fut bien surpris de me trouver en cet état qu'il jugea très grave, mais il ne voulut pas le dire afin de ne pas effrayer ma Tante. Le lendemain il alla trouver le docteur Notta qui jugea comme mon Oncle que j'avais une maladie très grave et dont jamais une enfant si jeune n'avait été atteinte. Tout le monde était consterné, ma Tante fut obligée de me garder chez elle et me soigna avec une sollicitude vraiment maternelle. Lorsque Papa revint de Paris avec mes grandes sœurs, Aimée (NHA 304) les reçut avec une figure si triste que Marie crut que j'étais morte... Mais cette maladie n'était pas pour que je meure, elle était plutôt comme celle de Lazare afin que Dieu soit glorifié... (NHA 305) (Jn 11,4) Il le fut en effet, par la résignation admirable de mon pauvre petit Père qui crut que " sa petite fille allait devenir folle ou qu'elle allait mourir. " Il le fut aussi par celle de Marie... Ah ! qu'elle a souffert à cause de moi... combien je lui suis reconnaissante des soins qu'elle m'a prodigués avec tant de désintéressement... Son cœur lui dictait ce qui m'était nécessaire et vraiment un cœur de Mère est bien plus savant que celui d'un médecin, il sait deviner ce qui convient à la maladie de son enfant... Cette pauvre Marie fut obligée de venir s'installer chez mon Oncle car il était impossible de me transporter alors aux Buissonnets. Cependant la prise d'habit de Pauline approchait ; (NHA 306) on évitait d'en parler devant moi sachant la peine que je ressentais de n'y pouvoir aller, Mais moi j'en parlais souvent disant que je serais assez bien pour aller voir ma Pauiine chérie. En effet le Bon Dieu ne voulut pas me refuser cette consolation ou plutôt Il voulut consoler sa Fiancée chérie qui avait tant souffert de la maladie de sa petite fille... J'ai remarqué que Jésus ne veut pas éprouver ses enfants le jour de leurs fiançailles, cette fête doit être sans nuages, un avant-goût des joies du Paradis, ne l'a-t-Il pas montré déjà cinq fois... (NHA 307) Je pus donc embrasser ma Mère chérie, m'asseoir sur ses genoux et la combler de caresses... Je pus la contempler si ravissante, sous la blanche parure de Fiancée... Ah ! ce fut un beau jour, au milieu de ma sombre épreuve, mais ce jour passa vite... Bientôt il me fallut monter dans la voiture qui m'emporta bien loin de Pauline... bien loin de mon Carmel chéri. (NHA 308) En arrivant aux Buissonnets, on me fit coucher, malgré moi car j'assurais être parfaitement guérie et n'avoir plus besoin de soins. Hélas, je n'étais encore qu'au début de mon épreuve... Le lendemain je fus reprise comme je l'avais été et la maladie devint si grave que je ne devais pas en guérir suivant les calculs humains... Je ne sais comment décrire une si étrange maladie, je suis persuadée maintenant qu'elle était l'œuvre du démon, mais longtemps après ma guérison j'ai cru que j'avais fait exprès d'être malade et ce fut là un vrai martyre pour mon âme... Je le dis à Marie qui me rassura de son mieux avec sa bonté ordinaire, je le dis à confesse et là encore mon confesseur essaya de me tranquilliser, disant que ce n'était pas possible d'avoir fait semblant d'être malade au point où je l'avais été. Le Bon Dieu qui voulait sans doute me purifier et surtout m'humilier me laissa ce martyre intime jusqu'à mon entrée au Carmel où le Père de nos âmes (NHA 309) m'enleva tous mes doutes comme avec la main et depuis je suis parfaitement tranquille. Il n'est pas surprenant que j'aie craint d'avoir paru malade sans l'être en effet, car je disais et je faisais des choses que je ne pensais pas, presque toujours je paraissais en délire, disant des paroles qui n'avaient pas de sens et cependant je suis sûre de n'avoir pas été privée un seul instant de l'usage de ma raison... je paraissais souvent évanouie, ne faisant pas le plus léger mouvement, alors je me serais laissé faire tout ce qu'on aurait voulu, même tuer, pourtant j'entendais tout ce qui se disait autour de moi et je me rappelle encore de tout... Il m'est arrivé une fois d'être longtemps sans pouvoir ouvrir les yeux et de les ouvrir un instant pendant que je me trouvais seule... Je crois que le démon avait reçu un pouvoir extérieur sur moi mais qu'il ne pouvait approcher de mon âme ni de mon esprit, si ce n'est pour m'inspirer des frayeurs très grandes de certaines choses (NHA 310) par exemple pour des remèdes très simples qu'on essayait en vain de me faire accepter. Mais si le Bon Dieu permettait au démon de s'approcher de moi il m'envoyait aussi des anges visibles... Marie était toujours auprès de mon lit me soignant et me consolant avec la tendresse d'une Mère, jamais elle ne témoigna le plus petit ennui et cependant je lui donnais beaucoup de mal, ne souffrant pas qu'elle s'éloigne de moi. Il fallait bien cependant qu'elle aille au repas avec Papa, mais je ne cessais de l'appeler tout le temps qu'elle était partie, Victoire qui me gardait était parfois obligée d'aller chercher ma chère " Mama " comme je l'appelais... Lorsque Marie voulait sortir il fallait que ce soit pour aller à la messe ou bien pour voir Pauline, alors je ne disais rien... Mon Oncle et ma Tante étaient aussi bien bons pour moi ; ma chère petite Tante venait tous les jours me voir et m'apportait mille gâteries. D'autres personnes amies de la famille vinrent aussi me visiter, mais je suppliai Marie de leur dire que je ne voulais pas recevoir de visites cela me déplaisait de " voir des personnes assises autour de mon lit en RANG d'OIGNONS et me regardant comme une bête curieuse. " La seule visite que j'aimais était celle de mon Oncle et ma Tante. Depuis cette maladie je ne saurais dire combien mon affection pour eux augmenta, je compris mieux que jamais qu'ils n'étaient pas pour nous des parents ordinaires. Ah ! ce pauvre petit Père avait bien raison quand il nous répétait souvent les paroles que je viens d'écrire. Plus tard il expérimenta qu'il ne s'était pas trompé et maintenant il doit protéger et bénir ceux qui lui prodiguèrent des soins si dévoués... Moi je suis encore exilée et ne sachant pas montrer ma reconnaissance, je n'ai qu'un seul moyen pour soulager mon cœur : Prier pour les parents que j'aime, qui furent et qui sont encore si bons pour moi ! Léonie était aussi bien bonne pour moi, essayant de m'amuser de son mieux, moi je lui faisais quelquefois de la peine car elle voyait bien que Marie ne pouvait être remplacée auprès de moi... Et ma Céline chérie, que n'a-t-elle pas fait pour sa Thérèse ?... Le dimanche au lieu d'aller se promener elle venait s'enfermer des heures entières avec une pauvre petite fille qui ressemblait à une idiote ; vraiment il fallait de l'amour pour ne pas me fuir... Ah ! mes chères petites sœurs, que je vous ai fait souffrir !... personne ne vous avait fait autant de peine que moi et personne n'avait reçu autant d'amour que vous m'en avez prodigué... Heureusement, j'aurai le Ciel pour me venger, mon Epoux est très riche et je puiserai dans ses trésors d'amour afin de vous rendre au centuple tout ce que vous avez souffert à cause de moi... Ma plus grande consolation pendant que j'étais malade, c'était de recevoir une lettre de Pauline... Je la lisais, la relisais jusqu'à la savoir par cœur... Une fois, ma Mère chérie, vous m'avez envoyé un sablier et une de mes poupées habillée en carmélite, dire ma joie est chose impossible... Mon Oncle n'était pas content, il disait qu'au lieu de me faire penser au Carmel il faudrait l'éloigner de mon esprit, mais je sentais au contraire que c'était l'espérance d'être un jour carmélite qui me faisait vivre... Mon plaisir était de travailler pour Pauline, je lui faisais des petits ouvrages en papier bristol et ma plus grande occupation était de faire des couronnes de pâquerettes et de myosotis pour la Sainte Vierge, nous étions au beau mois de mai, toute la nature se parait de fleurs et respirait la gaîté, seule la " petite fleur " languissait et semblait à jamais flétrie... Cependant elle avait un Soleil auprès d'elle, ce Soleil était la Statue miraculeuse de la Sainte Vierge qui avait parlé deux fois à Maman (NHA 311) et souvent, bien souvent, la petite fleur tournait sa corolle vers cet Astre béni... Un jour je vis Papa entrer dans la chambre de Marie où j'étais couchée ; il lui donna plusieurs pièces d'or avec une expression de grande tristesse et lui dit d'écrire à Paris et de faire dire des messes à Notre-Dame des Victoires pour qu'elle guérisse sa pauvre petite fille. Ah ! que je fus touchée en voyant la Foi et l'Amour de mon Roi chéri. J'aurais voulu pouvoir lui dire que j'étais guérie mais je lui avais déjà fait assez de fausses joies, ce n'était pas mes désirs qui pouvaient faire un miracle, car il en fallait un pour me guérir... il fallait un miracle et ce fut Notre-Dame des Victoires qui le fit. Un dimanche (NHA 312) (pendant la neuvaine de messes), Marie sortit dans le jardin me laissant avec Léonie qui lisait auprès de ma fenêtre, au bout de quelques minutes je me mis à appeler presque tout bas : " Mama... Mama. " Léonie étant habituée à m'entendre toujours appeler ainsi, ne fit pas attention à moi. Ceci dura longtemps, alors j'appelai plus fort et enfin Marie revint, je la vis parfaitement entrer, mais je ne pouvais dire que je la reconnaissais et je continuais d'appeler toujours plus fort : " Mama... ". Je souffrais beaucoup de cette lutte forcée et inexplicable et Marie en souffrait peut-être encore plus que moi ; après de vains efforts pour me montrer qu'elle était auprès de moi, (NHA 313) elle se mit à genoux auprès de mon lit avec Léonie et Céline puis se tournant vers la Sainte Vierge et la priant avec la ferveur d'une Mère qui demande la vie de son enfant, Marie obtint ce qu'elle désirait... Ne trouvant aucun secours sur la terre, la pauvre petite Thérèse s'était aussi tournée vers sa Mère du Ciel, elle la priait de tout son cœur d'avoir enfin pitié d'elle... Tout à coup la Sainte Vierge me parut belle, si belle que jamais je n'avais vu rien de si beau, son visage respirait une bonté et une tendresse ineffable, mais ce qui me pénétra jusqu'au fond de l'âme ce fut le " ravissant sourire de la Sainte Vierge. " Alors toutes mes peines s'évanouirent, deux grosses larmes jaillirent de mes paupières et coulèrent silencieusement sur mes joues, mais c'était des larmes d'une joie sans mélange... Ah ! pensai-je, la Sainte Vierge m'a souri, que je suis heureuse...

Mais jamais je ne le dirai à personne, car alors mon bonheur disparaîtrait. Sans aucun effort je baissai les yeux, et je vis Marie qui me regardait avec amour ; elle semblait émue et paraissait se douter de la faveur que la Sainte Vierge m'avait accordée... Ah ! c'était bien à elle, à ses prières touchantes que je devais la grâce du sourire de la Reine des Cieux. En voyant mon regard fixé sur la Sainte Vierge, elle s'était dit : " Thérèse est guérie ! " Oui, la petite fleur allait renaître à la vie, le Rayon lumineux qui l'avait réchauffée ne devait pas arrêter ses bienfaits ; il n'agit pas tout d'un coup, mais doucement, suavement, il releva sa fleur et la fortifia de telle sorte que cinq ans après elle s'épanouissait sur la montagne fertile du Carmel. Comme je l'ai dit, Marie avait deviné que la Sainte Vierge m'avait accordé quelque grâce cachée, aussi lorsque je fus seule avec elle, me demandant ce que j'avais vu, je ne pus résister à ses questions si tendres et si pressantes ; étonnée de voir mon secret découvert sans que je l'aie révélé, je le confiai tout entier à ma chère Marie... Hélas ! comme je l'avais senti, mon bonheur allait disparaître et se changer en amertume ; pendant quatre ans le souvenir de la grâce ineffable que j'avais reçue fut pour moi une vraie peine d'âme, je ne devais retrouver mon bonheur qu'aux pieds de Notre-Dame des Victoires, (NHA 314) mais alors il me fut rendu dans toute sa plénitude... je reparlerai plus tard de cette seconde grâce de la Sainte Vierge. Maintenant il me faut vous dire, ma Mère chérie, comment ma joie se changea en tristesse. Marie après avoir entendu le récit naïf et sincère de " ma grâce " me demanda la permission de la dire au Carmel, je ne pouvais dire non... À ma première visite à ce Carmel chéri, je fus remplie de joie en voyant ma Pauline avec l'habit de la Sainte Vierge ce fut un moment bien doux pour nous deux... Il y avait tant de choses à se dire que je ne pouvais rien dire du tout, mon cœur était trop plein... La bonne Mère Marie de Gonzague était là aussi, me donnant mille marques d'affection ; je vis encore d'autres sœurs et devant elles, on me questionna sur la grâce que j'avais reçue, me demandant si la Sainte Vierge portait le petit Jésus, ou bien s'il y avait beaucoup de lumière, etc. Toutes ces questions me troublèrent et me firent de la peine, je ne pouvais dire qu'une chose : " La Sainte Vierge m'avait semblé très belle... et je l'avais vue me sourire. " C'était sa figure seule qui m'avait frappée, aussi voyant que les carmélites s'imaginaient tout autre chose (mes peines d'âme commençant déjà au sujet de ma maladie), je me figurai avoir menti... Sans doute, si j'avais gardé mon secret, j'aurais aussi gardé mon bonheur, mais la Sainte Vierge a permis ce tourment pour le bien de mon âme peut-être aurais-je eu sans lui quelque pensée de vanité, au lieu que l'humiliation devenant mon partage, je ne pouvais me regarder sans un sentiment de profonde horreur... Ah ! ce que j'ai souffert, je ne pourrai le dire qu'au Ciel... En parlant de visite aux carmélites je me souviens de la première, qui eut lieu peu de temps après l'entrée de Pauline, j'ai oublié d'en parler plus haut mais il est un détail que je ne dois pas omettre. Le matin du jour où je devais aller au parloir, réfléchissant toute seule dans mon lit (car c'était là que je faisais mes plus profondes oraisons et contrairement à l'épouse des cantiques j'y trouvais toujours mon Bien-Aimé), (Ct 3,1-4) je me demandai quel nom j'aurais au Carmel ; je savais qu'il y avait une sœur Thérèse de Jésus, cependant mon beau nom de Thérèse ne pouvait pas m'être enlevé. Tout à coup je pensai au Petit Jésus que j'aimais tant et je me dis : " Oh ! que je serais heureuse de m'appeler Thérèse de l'Enfant Jésus ! " Je ne dis rien au parloir du rêve que j'avais fait tout éveillée, mais la bonne Mère Marie de Gonzague demandant aux sœurs quel nom il faudrait me donner, il lui vint à la pensée de m'appeler du nom que j'avais rêvé... Ma joie fut grande et cette heureuse rencontre de pensées me sembla une délicatesse de mon Bien-Aimé Petit Jésus. J'ai oublié encore quelques petits détails de mon enfance avant votre entrée au Carmel ; je ne vous ai pas parlé de mon amour pour les images et la lecture... Et cependant, ma Mère chérie, je dois aux belles images que vous me montriez comme récompense, une des plus douces joies et des plus fortes impressions qui m'aient excitée à la pratique de la vertu... j'oubliais les heures en les regardant, par exemple : La petite fleur du Divin Prisonnier me disait tant de choses que j'en étais plongée ! (NHA 401) Voyant que le nom de Pauline était écrit au bas de la petite fleur, j'aurais voulu que celui de Thérèse y fût aussi et je m'offrais à Jésus pour être sa petite fleur... Si je ne savais pas jouer, j'aimais beaucoup la lecture et j'y aurais passé ma vie ; heureusement, j'avais pour me guider des anges de la terre qui me choisissaient des livres qui tout en m'amusant nourrissaient mon cœur et mon esprit, et puis je ne devais passer qu'un certain temps à lire, ce qui m'était le sujet de grands sacrifices interrompant souvent ma lecture au milieu du passage le plus attachant... Cet attrait pour la lecture a duré jusqu'à mon entrée au Carmel. Dire le nombre de livres qui m'ont passé dans les mains ne me serait pas possible, mais jamais le Bon Dieu n'a permis que j'en lise un seul capable de me faire du mal. Il est vrai qu'en lisant certains récits chevaleresques, je ne sentais pas toujours au premier moment le vrai de la vie ; mais bientôt le bon Dieu me faisait sentir que la vraie gloire est celle qui durera éternellement et que pour y parvenir, il n'était pas nécessaire de faire des œuvres éclatantes mais de se cacher et de pratiquer la vertu en sorte que la main gauche ignore ce que fait la droite... (NHA 402) (Mt 6,3) C'est ainsi qu'en lisant les récits des actions patriotiques des héroïnes Françaises, en particulier celles de la Vénérable JEANNE D'ARC, j'avais un grand désir de les imiter, il me semblait sentir en moi la même ardeur dont elles étaient animées, la même inspiration Céleste. Alors je reçus une grâce que j'ai toujours regardée comme une des plus grandes de ma vie, car à cet âge je ne recevais pas de lumières comme maintenant où j'en suis inondée. Je pensai que j'étais née pour la gloire, et cherchant le moyen d'y parvenir, le Bon Dieu m'inspira les sentiments que je viens d'écrire. Il me fit comprendre aussi que ma gloire à moi ne paraîtrait pas aux yeux mortels, qu'elle consisterait à devenir une grande Sainte !... Ce désir pourrait sembler téméraire si l'on considère combien j'étais faible et imparfaite et combien je le suis encore après sept années passées en religion, cependant je sens toujours la même confiance audacieuse de devenir une grande Sainte, car je ne compte pas sur mes mérites n'en ayant aucun, mais j'espère en Celui qui est la Vertu, la Sainteté Même. C'est Lui seul qui se contentant de mes faibles efforts, m'élèvera jusqu'à Lui et, me couvrant de ses mérites infinis, me fera Sainte. Je ne pensais pas alors qu'il fallait beaucoup souffrir pour arriver à la sainteté, le Bon Dieu ne tarda pas à me le montrer en m'envoyant les épreuves que j'ai racontées plus haut... Maintenant je dois reprendre mon récit au point où je l'avais laissé. Trois mois après ma guérison Papa nous fit faire le voyage d'Alençon, c'était la première fois que j'y retournais et ma joie fut bien grande en revoyant les lieux où s'était écoulée mon enfance, surtout de pouvoir prier sur la tombe de Maman et de lui demander de me protéger toujours... Le bon Dieu m'a fait la grâce de ne connaître le monde que juste assez pour le mépriser et m'en éloigner. Je pourrais dire que ce fut pendant mon séjour à Alençon que je fis ma première entrée dans le monde. Tout était joie, bonheur autour de moi, j'étais fêtée, choyée, admirée ; en un mot, ma vie pendant quinze jours ne fut semée que de fleurs... J'avoue que cette vie avait des charmes pour moi. La Sagesse a bien raison de dire : " Que l'ensorcellement des bagatelles du monde séduit l'esprit même éloigné du mal. " (NHA 403) (Sg 4,12) A dix ans le cœur se laisse facilement éblouir, aussi je regarde comme une grande grâce de n'être pas restée à Alençon ; les amis que nous y avions étaient trop mondains, ils savaient trop allier les joies de la terre avec le service du Bon Dieu. Ils ne pensaient pas assez à la mort et cependant la mort est venue visiter un grand nombre de personnes que j'ai connues, jeunes, riches et heureuses !... J'aime à retourner par la pensée aux lieux enchanteurs où elles ont vécu, à me demander où elles sont, ce qui leur revient des châteaux et des parcs où je les ai vues jouir des commodités de la vie ?... Et je vois que tout est vanité et affliction d'esprit sous le Soleil... (NHA 404) (Qo 2,11) que l'unique bien, c'est d'aimer Dieu de tout son cœur et d'être ici-bas pauvre d'esprit... (Mt 5,3) Peut-être Jésus a-t-il voulu me montrer le monde avant la première visite qu'Il devait me faire afin que je choisisse plus librement la voie que je devais lui promettre de suivre. L'époque de ma première Communion est restée gravée dans mon cœur, comme un souvenir sans nuages, il me semble que je ne pouvais pas être mieux disposée que je le fus et puis mes peines d'âme me quittèrent pendant près d'un an. Jésus voulait me faire goûter une joie aussi parfaite qu'il est possible en cette vallée de larmes... (Ps 84,7)

Vous vous souvenez, ma Mère chérie, du ravissant petit livre que vous m'aviez fait trois mois avant ma première Communion ?... Ce fut lui qui m'aida à préparer mon cœur d'une façon suivie et rapide, car si depuis longtemps je le préparais déjà, il fallait bien lui donner un nouvel élan, le remplir de fleurs nouvelles afin que Jésus puisse s'y reposer avec plaisir... Chaque jour je faisais un grand nombre de reliques qui formaient autant de fleurs, je faisais encore un plus grand nombre d'aspirations que vous aviez écrites sur mon petit livre pour chaque jour et ces actes d'amour formaient les boutons de fleurs... Chaque semaine vous m'écriviez une jolie petite lettre, qui me remplissait l'âme de pensées profondes et m'aidait à pratiquer la vertu, c'était une consolation pour votre pauvre petite fille qui faisait un si grand sacrifice en acceptant de n'être pas chaque soir réparée sur vos genoux comme l'avait été sa chère Céline... C'était Marie qui remplaçait Pauline pour moi ; je m'asseyais sur ses genoux et là j'écoutais avidement ce qu'elle me disait, il me semble que tout son cœur, si grand, si généreux, passait en moi. Comme les illustres guerriers apprennent à leurs enfants le métier des armes, ainsi me parlait-elle des combats de la vie, de la palme donnée aux victorieux... Marie me parlait encore des richesses immortelles qu'il est facile d'amasser chaque jour, du malheur de passer sans vouloir se donner la peine de tendre la main pour les prendre, puis elle m'indiquait le moyen d'être sainte par la fidélité aux plus petites choses ; elle me donna la petite feuille : " Du renoncement " que je méditais avec délices... Ah ! qu'elle était éloquente ma chère marraine ! J'aurais voulu n'être pas seule à entendre ses profonds enseignements, je me sentais si touchée que dans ma naïveté je croyais que les plus grands pécheurs auraient été touchés comme moi et que, laissant là leurs richesses périssables, ils n'auraient plus voulu gagner que celles du Ciel... À cette époque personne ne m'avait encore enseigné le moyen de faire oraison, j'en avais cependant bien envie, mais Marie me trouvant assez pieuse, ne me laissait faire que mes prières. Un jour une de mes maîtresses de l'Abbaye me demanda ce que je faisais les jours de congé lorsque j'étais seule. Je lui répondis que j'allais derrière mon lit dans un espace vide qui s'y trouvait et qu'il m'était facile de fermer avec le rideau et que là " je pensais. " Mais à quoi pensez-vous ? me dit-elle. Je pense au bon Dieu, à la vie... à l'ÉTERNITÉ, enfin je pense !... La bonne religieuse rit beaucoup de moi, plus tard elle aimait à me rappeler le temps où je pensais, me demandant si je pensais encore... Je comprends maintenant que je faisais oraison sans le savoir et que déjà le Bon Dieu m'instruisait en secret. Les trois mois de préparation passèrent vite, bientôt je dus entrer en retraite et pour cela devenir grande pensionnaire, couchant à l'Abbaye. Je ne puis dire le doux souvenir que m'a laissé cette retraite ; vraiment si j'ai beaucoup souffert en pension, j'en ai été largement payée par le bonheur ineffable de ces quelques jours passés dans l'attente de Jésus... Je ne crois pas que l'on puisse goûter cette joie ailleurs que dans les communautés religieuses, le nombre des enfants étant petit, il est facile de s'occuper de chacune en particulier, et vraiment nos maîtresses nous prodiguaient à ce moment des soins maternels. Elles s'occupaient encore plus de moi que des autres, chaque soir la première maîtresse venait avec sa petite lanterne m'embrasser dans mon lit en me montrant une grande affection. Un soir, touchée de sa bonté, je lui dis que j'allais lui confier un secret et tirant mystérieusement mon précieux petit livre qui était sous mon oreiller, je le lui montrai avec des yeux brillants de joie... Le matin, je trouvais cela bien gentil de voir toutes les élèves se lever dès le réveil et de faire comme elles, mais je n'étais pas habituée à faire ma toilette toute seule. Marie n'était pas là pour me friser aussi j'étais obligée d'aller timidement présenter mon peigne à la maîtresse de la chambre de toilette, elle riait en voyant une grande fille de onze ans ne sachant pas se servir, cependant elle me peignait, mais pas si doucement que Marie et pourtant je n'osais pas crier, ce qui m'arrivait tous les jours sous la douce main de marraine... Je fis l'expérience pendant ma retraite que j'étais une enfant choyée et entourée comme il y en a peu sur la terre, surtout parmi les enfants qui sont privées de leur mère... Tous les jours Marie et Léonie venaient me voir avec Papa qui me comblait de gâteries, aussi je n'ai pas souffert de la privation d'être loin de la famille et rien ne vint obscurcir le beau Ciel de ma retraite. J'écoutais avec beaucoup d'attention les instructions que nous faisait Monsieur l'abbé Domin et j'en écrivais même le résumé ; pour mes pensées, je ne voulus en écrire aucune, disant que je m'en rappellerais bien, ce qui fut vrai... C'était pour moi un grand bonheur d'aller avec les religieuses à tous les offices ; je me faisais remarquer au milieu de mes compagnes par un grand Crucifix que Léonie m'avait donné et que je passais dans ma ceinture à la façon des missionnaires, ce Crucifix faisait envie aux religieuses qui pensaient que je voulais, en le portant, imiter ma sœur carmélite... Ah ! c'était bien vers elle qu'allaient mes pensées, je savais que ma Pauline était en retraite comme moi, non pour que Jésus se donne à elle, mais pour se donner elle-même à Jésus. (NHA 405) cette solitude passée dans l'attente m'était donc doublement chère... Je me rappelle qu'un matin on m'avait fait aller dans l'infirmerie parce que je toussais beaucoup (depuis ma maladie mes maîtresses faisaient une grande attention à moi, pour un léger mal de tête ou bien si elles me voyaient plus pâle qu'à l'ordinaire, elles m'envoyaient prendre l'air ou me reposer à l'infirmerie.) Je vis entrer ma Céline chérie, elle avait obtenu la permission de venir me voir malgré la retraite pour m'offrir une image qui me fit bien plaisir, c'était : " La petite fleur du Divin Prisonnier ". Oh ! qu'il m'a été doux de recevoir ce souvenir de la main de Céline... Combien de pensées d'amour n'ai-je pas eues à cause d'elles... La veille du grand jour je reçus l'absolution pour la seconde fois, ma confession générale me laissa une grande paix dans l'âme et le Bon Dieu ne permit pas que le plus léger nuage vînt la troubler. L'après-midi je demandai pardon à toute la famille qui vint me voir, mais je ne pus parler que par mes larmes, j'étais trop émue... Pauline n'était pas là, cependant je sentais qu'elle était près de moi par le cœur ; elle m'avait envoyé une belle image par Marie, je ne me lassais pas de l'admirer et de la faire admirer par tout le monde !... J'avais écrit au bon Père Pichon pour me recommander à ses prières, lui disant aussi que bientôt je serais carmélite et qu'alors il serait mon directeur. (C'est en effet ce qui arriva quatre ans plus tard, puisque ce fut au Carmel que je lui ouvris mon âme...) Marie me donna une lettre de lui, vraiment j'étais trop heureuse !... Tous les bonheurs m'arrivaient ensemble. Ce qui me fit le plus de plaisir dans sa lettre fut cette phrase : " Demain, je monterai au Saint Autel pour vous et votre Pauline ! " Pauline et Thérèse devinrent le 8 mai de plus en plus unies, puisque Jésus semblait les confondre en les inondant de ses grâces... Le " beau jour entre les jours " arriva enfin, quels ineffables souvenirs ont laissés dans mon âme les plus petits détails de cette journée du Ciel !... Le joyeux réveil de l'aurore, les baisers respectueux et tendres des maîtresses et des grandes compagnes... La grande chambre remplie de flocons neigeux dont chaque enfant se voyait revêtir à son tour... Surtout l'entrée à la chapelle et le chant matinal du beau cantique : " O saint Autel qu'environnent les Anges ! " Mais je ne veux pas entrer dans les détails, il est de ces choses qui perdent leur parfum dès qu'elles sont exposées à l'air, il est des pensées de l'âme qui ne peuvent se traduire en langage de la terre sans perdre leur sens intime et Céleste ; Elles sont comme cette " pierre blanche qui sera donnée au vainqueur et sur laquelle est écrit un nom que personne ne CONNAIT que CELUI qui le reçoit " (NHA 406) (Ap 2,17) Ah ! qu'il fut doux le premier baiser de Jésus à mon âme ! Ce fut un baiser d'amour, je me sentais aimée, et je disais aussi : " Je vous aime, je me donne à vous pour toujours. " Il n'y eut pas de demandes, pas de luttes, de sacrifices ; depuis longtemps, Jésus et la pauvre petite Thérèse s'étaient regardés et s'étaient compris... Ce jour-là ce n'était plus un regard, mais une fusion, ils n'étaient plus deux, Thérèse avait disparu, comme la goutte d'eau qui se perd au sein de l'océan. Jésus restait seul, Il était le maître, le Roi. Thérèse ne lui avait-elle pas demandé de lui ôter sa liberté, car sa liberté lui faisait peur, elle se sentait si faible, si fragile que pour jamais elle voulait s'unir à la Force Divine !... Sa joie était trop grande, trop profonde pour qu'elle pût la contenir, des larmes délicieuses l'inondèrent bientôt au grand étonnement de ses compagnes, qui plus tard se disaient l'une à l'autre : " Pourquoi donc a-t-elle pleuré ? N'avait-elle pas quelque chose qui la gênait ?... Non c'était plutôt de ne pas voir sa Mère auprès d'elle, ou sa sœur qu'elle aime tant qui est carmélite. " Elles ne comprenaient pas que toute la joie du Ciel venant dans un cœur, ce cœur exilé ne puisse la supporter sans répandre des larmes... Oh ! non, l'absence de Maman ne me faisait pas de peine le jour de ma première communion : le Ciel n'était-il pas dans mon âme, et Maman n'y avait-elle pas pris place depuis longtemps ? Ainsi en recevant la visite de Jésus, je recevais aussi celle de ma Mère chérie qui me bénissait se réjouissant de mon bonheur... Je ne pleurais pas l'absence de Pauline, sans doute j'aurais été heureuse de la voir à mes côtés, mais depuis longtemps mon sacrifice était accepté ; en ce jour, la joie seule remplissait mon cœur, je m'unissais à elle qui se donnait irrévocablement à Celui qui se donnait si amoureusement à moi !... L'après-midi ce fut moi qui prononçai l'acte de consécration à la Sainte Vierge ; il était bien juste que je parle au nom de mes compagnes à ma Mère du Ciel, moi qui avais été privée si jeune de ma Mère de la terre... Je mis tout mon cœur à lui parler, à me consacrer à elle, comme une enfant qui se jette entre les bras de sa Mère et lui demande de veiller sur elle. Il me semble que la Sainte Vierge dut regarder sa petite fleur et lui sourire, n'était-ce pas elle qui l'avait guérie par un visible sourire ?... N'avait-elle pas déposé dans le calice de sa petite Fleur, son Jésus, la Fleur des Champs, le Lys de la vallée ? (NHA 407) (Ct 2,1) Au soir de ce beau jour, je retrouvai ma famille de la terre ; déjà le matin après la messe, j'avais embrassé Papa et tous mes chers parents, mais alors c'était la vraie réunion, Papa prenant la main de sa petite reine se dirigea vers le Carmel... Alors je vis ma Pauline devenue l'épouse de Jésus, je la vis avec son voile blanc comme le mien et sa couronne de roses... Ah ! ma joie fut sans amertume, j'espérais la rejoindre bientôt et attendre avec elle le Ciel ! Je ne fus pas insensible à la fête de famille qui eut lieu le soir de ma première Communion ; la belle montre que me donna mon Roi me fit un grand plaisir, mais ma joie était tranquille et rien ne vint troubler ma paix intime. Marie me prit avec elle la nuit qui suivit ce beau jour, car les jours les plus radieux sont suivis de ténèbres, seul le jour de la première, de l'unique, de l'éternelle Communion du Ciel sera sans couchant !... Le lendemain de ma première Communion fut encore un beau jour, mais il fut empreint de mélancolie. La belle toilette que Marie m'avait achetée, tous les cadeaux que j'avais reçus ne me remplissaient pas le cœur, il n'y avait que Jésus qui pût me contenter, j'aspirais après le moment où je pourrais le recevoir une seconde fois. Environ un mois après ma première communion j'allai me confesser pour l'Ascension et j'osai demander la permission de faire la Sainte communion. Contre toute espérance, Monsieur l'abbé me le permit et j'eus le bonheur d'aller m'agenouiller à la Sainte Table entre Papa et Marie ; quel doux souvenir j'ai gardé de cette seconde visite de Jésus ! mes larmes coulèrent encore avec une ineffable douceur, je me répétais sans cesse à moi-même ces paroles de Saint Paul : " Ce n'est plus moi qui vis, c'est Jésus qui vit en moi !... " (NHA 408) (Ga 2,20) Depuis cette communion, mon désir de recevoir le Bon Dieu devint de plus en plus grand, j'obtins la permission de la faire à toutes les principales fêtes. La veille de ces heureux jours Marie me prenait le soir sur ses genoux et me préparait comme elle l'avait fait pour ma première communion ; je me souviens qu'une fois elle me parla de la souffrance, me disant que je ne marcherais probablement pas par cette voie mais que le Bon Dieu me porterait toujours comme une enfant... Le lendemain après ma communion, les paroles de Marie me revinrent à la pensée ; je sentis naître en mon cœur un grand désir de la souffrance et en même temps l'intime assurance que Jésus me réservait un grand nombre de croix ;

je me sentis inondée de consolations si grandes que je les regarde comme une des grâces les plus grandes de ma vie. La souffrance devint mon attrait, elle avait des charmes qui me ravissaient sans les bien connaître. Jusqu'alors j'avais souffert sans aimer la souffrance, depuis ce jour je sentis pour elle un véritable amour. Je sentais aussi le désir de n'aimer que le Bon Dieu, de ne trouver de joie qu'en Lui. Souvent pendant mes communions, je répétais ces paroles de l'Imitation : " O Jésus ! douceur ineffable, changez pour moi en amertume, toutes les consolations de la terre " (NHA 409) cette prière sortait de mes lèvres sans effort, sans contrainte ; il me semblait que je la répétais, non par ma volonté, mais comme une enfant qui redit les paroles qu'une personne amie lui inspire... Plus tard je vous dirai, ma Mère chérie, comment Jésus s'est plu à réaliser mon désir, comment Il fut toujours Lui seul ma douceur ineffable ; si je vous en parlais tout de suite je serais obligée d'anticiper sur le temps de ma vie de jeune fille, il me reste encore beaucoup de détails à vous donner sur ma vie d'enfant. Peu de temps après ma première Communion, j'entrai de nouveau en retraite pour ma Confirmation. (NHA 410) Je m'étais préparée avec beaucoup de soin à recevoir la visite de l'Esprit-Saint, (Ac 1,14) je ne comprenais pas qu'on ne fasse pas une grande attention à la réception de ce sacrement d'Amour. Ordinairement on ne faisait qu'un jour de retraite pour la Confirmation, mais Monseigneur n'ayant pu venir au jour marqué, j'eus la consolation d'avoir deux jours de solitude. Pour nous distraire notre maîtresse nous conduisit au Mont Cassin (NHA 411) et là je cueillis à pleines mains des grandes pâquerettes pour la Fête-Dieu. Ah ! que mon âme était joyeuse ! Comme les apôtres j'attendais avec bonheur la visite de l'Esprit-Saint... (Ac 2,1-4) Je me réjouissais à la pensée d'être bientôt parfaite chrétienne et surtout à celle d'avoir éternellement sur le front la croix mystérieuse que l'évêque marque en imposant le sacrement... Enfin l'heureux moment arriva, je ne sentis pas un vent impétueux au moment de la descente du Saint Esprit, mais plutôt cette brise légère dont le prophète Elie entendit le murmure sur le mont Horeb (1R 19,11-13) (NHA 412) En ce jour je reçus la force de souffrir, car bientôt après le martyre de mon âme devait commencer... Ce fut ma chère petite Léonie qui me servit de Marraine, elle était si émue qu'elle ne put empêcher ses larmes de couler tout le temps de la cérémonie. Avec moi elle reçut la Sainte Communion, car j'eus encore le bonheur de m'unir à Jésus en ce beau jour. Après ces délicieuses et inoubliables fêtes, ma vie rentra dans l'ordinaire, c'est-à-dire que je dus reprendre la vie de pensionnaire qui m'était si pénible. Au moment de ma première Communion j'aimais cette existence avec des enfants de mon âge, toutes remplies de bonne volonté, ayant pris comme moi la résolution de pratiquer sérieusement la vertu ; mais il fallait me remettre en contact avec des élèves bien différentes, dissipées, ne voulant pas observer la règle, et cela me rendait bien malheureuse. J'étais d'un caractère gai, mais je ne savais pas me livrer aux jeux de mon âge et souvent pendant les récréations, je m'appuyais contre un arbre et là je contemplais le coup d'œil, me livrant à de sérieuses réflexions ! J'avais inventé un jeu qui me plaisait, c'était d'enterrer les pauvres petits oiseaux que nous trouvions morts sous les arbres ; beaucoup d'élèves voulurent m'aider en sorte que notre cimetière devint très joli, planté d'arbres et de fleurs proportionnés à la grandeur de nos petits emplumés. J'aimais encore à raconter des histoires que j'inventais à mesure qu'elles me venaient à l'esprit, mes compagnes alors m'entouraient avec empressement et parfois de grandes élèves se mêlaient à la troupe des auditeurs. La même histoire durait plusieurs jours, car je me plaisais à la rendre de plus en plus intéressante à mesure que je voyais les impressions qu'elle produisait et qui se manifestaient sur les visages de mes compagnes, mais bientôt la maîtresse me défendit de continuer mon métier d'orateur, voulant nous voir jouer et courir et non pas discourir... Je retenais facilement le sens des choses que j'apprenais, mais j'avais de la peine à apprendre mot à mot ; aussi pour le catéchisme, je demandai presque tous les jours, l'année qui précéda ma première Communion, la permission de l'apprendre pendant les récréations ; mes efforts furent couronnés de succès et je fus toujours la première. Si par hasard pour un seul mot oublié, je perdais ma place, ma douleur se manifestait par des larmes amères que Monsieur l'abbé Domin ne savait comment apaiser... Il était bien content de moi (non pas lorsque je pleurais) et m'appelait son petit docteur, à cause de mon nom de Thérèse. Une fois, l'élève qui me suivait ne sut pas faire sa compagne la question du catéchisme. Monsieur l'abbé ayant en vain fait le tour de toutes les élèves revint à moi et dit qu'il allait voir si je méritais ma place de première. Dans ma profonde humilité, je n'attendais que cela ; me levant avec assurance je dis ce qui m'était demandé sans faire une seule faute, au grand étonnement de tout le monde... Après ma première Communion, mon zèle pour le catéchisme continua jusqu'à ma sortie de pension. Je réussissais très bien dans mes études, presque toujours j'étais la première, mes plus grands succès étaient l'histoire et le style. Toutes mes maîtresses me regardaient comme une élève très intelligente, il n'en était pas de même chez mon Oncle où je passais pour une petite ignorante, bonne et douce, ayant un jugement droit, mais incapable et maladroite... Je ne suis pas surprise de cette opinion que mon Oncle et ma Tante avaient et ont sans doute encore de moi, Je ne parlais presque pas étant très timide ; lorsque j'écrivais, mon écriture de chat et mon orthographe qui n'est rien moins que naturelle n'étaient pas faites pour séduire... Dans les petits travaux de couture, broderies et autres, je réussissais bien, il est vrai, au gré de mes maîtresses, mais la façon gauche et maladroite dont je tenais mon ouvrage justifiait l'opinion peu avantageuse qu'on avait de moi. Je regarde cela comme une grâce, le Bon Dieu voulant mon cœur pour Lui seul, exauçait déjà ma prière " Changeant en amertume les consolations de la terre. " (NHA 413) J'en avais d'autant plus besoin que je n'aurais pas été insensible aux louanges. Souvent on vantait devant moi l'intelligence des autres, mais la mienne jamais, alors j'en conclus que je n'en avais pas et je me résignai à m'en voir privée... Mon cœur sensible et aimant se serait facilement donné s'il avait trouvé un cœur capable de le comprendre... J'essayai de me lier avec des petites filles de mon âge, surtout avec deux d'entre elles, je les aimais et de leur côté elles m'aimaient autant qu'elles en étaient capables ; mais hélas ! qu'il est étroit et volage le cœur des créatures !... Bientôt je vis que mon amour était incompris, une de mes amies ayant été obligée de rentrer dans sa famille revint quelques mois après ; pendant son absence j'avais pensé à elle, gardant précieusement une petite bague qu'elle m'avait donnée. En revoyant ma compagne ma joie fut grande, mais hélas ! je n'obtins qu'un regard indifférent... Mon amour n'était pas compris, je le sentis et je ne mendiai pas une affection qu'on me refusait, mais le Bon Dieu m'a donné un cœur si fidèle que lorsqu'il a aimé purement, il aime toujours, aussi je continuai de prier pour ma compagne et je l'aime encore... En voyant Céline aimer une de nos maîtresses, je voulus l'imiter, mais ne sachant pas gagner les bonnes grâces des créatures je ne pus y réussir. O heureuse ignorance ! Qu'elle m'a évité de grands maux !... Combien je remercie Jésus de ne m'avoir fait trouver " Qu'amertume dans les amitiés de la terre " avec un cœur comme le mien, je me serais laissée prendre et couper les ailes, alors comment aurais-je pu " voler et me reposer ? " (NHA 414) (Ps 55,7) " Comment un cœur livré à l'affection des créatures peut-il s'unir intimement à Dieu ?... je sens que cela n'est pas possible. Sans avoir bu à la coupe empoisonnée de l'amour trop ardent des créatures, je sens que je ne puis me tromper ; j'ai vu tant d'âmes séduites par cette fausse lumière, voler comme de pauvres papillons et se brûler les ailes, puis revenir vers la vraie, (Ex 3,2) la douce lumière de l'amour qui leur donnait de nouvelles ailes plus brillantes et plus légères afin qu'elles puissent voler vers Jésus, ce Feu Divin " qui brûle sans consumer " FCB (NHA 415) (Ex 3,2) Ah ! je le sens, Jésus me savait trop faible pour m'exposer à la tentation, peut-être me serais-je laissée brûler tout entière par la trompeuse lumière si je l'avais vue briller à mes yeux... Il n'en a pas été ainsi, je n'ai rencontré qu'amertume là où des âmes plus fortes rencontrent la joie et s'en détachent par fidélité. Je n'ai donc aucun mérite à ne m'être pas livrée à l'amour des créatures, puisque je n'en fus préservée que par la grande miséricorde du Bon Dieu !... Je reconnais que sans Lui, j'aurais pu tomber aussi bas que Sainte Madeleine et la profonde parole de Notre-Seigneur à Simon retentit avec une grande douceur dans mon âme... Je le sais : " Celui à qui on remet moins, AIME moins. " (NHA 416) (Lc 7,40-47) mais je sais aussi que Jésus m'a plus remis qu'à Sainte Madeleine, puisqu'il m'a remis d'avance, m'empêchant de tomber. Ah ! que je voudrais pouvoir expliquer ce que je sens !... Voici un exemple qui traduira un peu ma pensée. Je suppose que le fils d'un habile docteur rencontre sur son chemin une pierre qui le fasse tomber et que dans cette chute il se casse un membre ; aussitôt son père vient à lui, le relève avec amour, soigne ses blessures, employant à cela toutes les ressources de son art et bientôt son fils complètement guéri lui témoigne sa reconnaissance. Sans doute cet enfant a bien raison d'aimer son père ! Mais je vais encore faire une autre supposition. Le père ayant su que sur la route de son fils se trouvait une pierre, s'empresse d'aller devant lui et la retire, sans être vu de personne. Certainement, ce fils objet de sa prévoyante tendresse, ne SACHANT pas le malheur dont il est délivré par son père ne lui témoignera pas sa reconnaissance et l'aimera moins que s'il eût été guéri par lui... mais s'il vient à connaître le danger auquel il vient d'échapper, ne l'aimera-t-il pas davantage ? Eh bien, c'est moi qui suis cette enfant, objet de l'amour prévoyant d'un Père qui n'a pas envoyé son Verbe pour racheter les justes mais les pécheurs. " (NHA 417) (Mt 9,13) Il veut que je l'aime parce qu'il m'a remis, non pas beaucoup, mais TOUT. (Lc 7,47) Il n'a pas attendu que je l'aime beaucoup comme Sainte Madeleine, mais il a voulu que JE SACHE comment il m'avait aimée d'un amour d'ineffable prévoyance, afin que maintenant je l'aime à la folie... J'ai entendu dire qu'il ne s'était pas rencontré une âme pure aimant davantage qu'une âme repentante, ah ! que je voudrais faire mentir cette parole !... Je m'aperçois être bien loin de mon sujet aussi je me hâte d'y rentrer. L'année qui suivit ma première Communion se passa presque toute entière sans épreuves intérieures pour mon âme, ce fut pendant ma retraite de seconde Communion (NHA 418) que je me vis assaillie par la terrible maladie des scrupules... Il faut avoir passé par ce martyre pour le bien comprendre : dire ce que j'ai souffert pendant un an et demi, me serait impossible... Toutes mes pensées et mes actions les plus simples devenaient pour moi un sujet de trouble ; je n'avais de repos qu'en les disant à Marie, ce qui me coûtait beaucoup, car je me croyais obligée de lui dire les pensées extravagantes que j'avais d'elle-même. Aussitôt que mon fardeau était déposé, je goûtais un instant de paix, mais cette paix passait comme un éclair et bientôt mon martyre recommençait. Quelle patience n'a-t-il pas fallu à ma chère Marie, pour m'écouter sans jamais témoigner d'ennui... A peine étais-je revenue de l'abbaye qu'elle se mettait à me friser pour le lendemain (car tous les jours pour faire plaisir à Papa la petite reine avait les cheveux frisés, au grand étonnement de ses compagnes et surtout des maîtresses qui ne voyaient pas d'enfants si choyées de leurs parents), pendant la séance je ne cessais de pleurer en racontant tous mes scrupules. A la fin de l'année Céline ayant fini ses études revint à la maison et la pauvre Thérèse obligée de rentrer seule, ne tarda pas à tomber malade, le seul charme qui la retenait en pension, c'était de vivre avec son inséparable Céline, sans elle jamais sa " petite fille " ne put y rester... Je sortis donc de l'abbaye à l'âge de treize ans, (NHA 419) et continuai mon éducation en prenant plusieurs leçons par semaine chez " Madame Papinau ". C'était une bien bonne personne très instruite, mais ayant un peu des allures de vieille fille ; elle vivait avec sa mère, et c'était charmant de voir le petit ménage qu'elles faisaient ensemble à trois (car la chatte était de la famille et je devais supporter qu'elle fasse son ronron sur mes cahiers et même admirer sa jolie tournure.) J'avais l'avantage de vivre dans l'intime de la famille ; les Buissonnets étant trop éloignés pour les jambes un peu vieilles de ma maîtresse, elle avait demandé que je vienne prendre mes leçons chez elle. Lorsque j'arrivais, je ne trouvais ordinairement que la vieille dame Cochain qui me regardait " avec ses grands yeux clairs " et puis elle appelait d'une voix calme et sentencieuse : " Madame Pâpinau... Mad... môizelle Thê... rèse est là !... " Sa fille lui répondait promptement d'une voix enfantine : " Me voilà, maman. " Et bientôt la leçon commençait. Ces leçons avaient encore l'avantage (en plus de l'instruction que j'y recevais) de me faire connaître le monde... Qui aurait pu le croire !... Dans cette chambre meublée à l'antique, entourée de livres et de cahiers, j'assistais souvent à des visites de tous genres ; Prêtres, dames, jeunes filles, etc. Madame Cochain faisait autant que possible les frais de la conversation afin de laisser sa fille me donner la leçon, mais ces jours-là, je n'apprenais pas grand'chose ; le nez dans un livre, j'entendais tout ce qui se disait et même ce qu'il eût mieux valu pour moi ne point entendre, la vanité se glisse si facilement dans le cœur !... Une dame disait que j'avais de beaux cheveux... une autre en sortant, croyant ne pas être entendue, demandait quelle était cette jeune fille si jolie et ces paroles, d'autant plus flatteuses qu'elles n'étaient pas dites devant moi, laissaient dans mon âme une impression de plaisir qui me montrait clairement combien j'étais remplie d'amour-propre. Oh ! comme j'ai compassion des âmes qui se perdent !... Il est si facile de s'égarer dans les sentiers fleuris du monde... sans doute, pour une âme un peu élevée, la douceur qu'il offre est mélangée d'amertume et le vide immense des désirs ne saurait être rempli par des louanges d'un instant... mais si mon cœur n'avait pas été élevé vers Dieu dès son éveil, si le monde m'avait souri dès mon entrée dans la vie, que serais-je devenue ?... O ma Mère chérie, avec quelle reconnaissance je chante les miséricordes du Seigneur !... Ne m'a-t-il pas, suivant ces paroles de la Sagesse " Retirée du monde avant que mon esprit fût corrompu par sa malice et que ses apparences trompeuses n'aient séduit mon âme ?... " (Ps 89,2) (NHA 420) (Sg 4,11) La Sainte Vierge aussi veillait sur sa petite fleur et ne voulant point qu'elle fût ternie au contact des choses de la terre, la retira sur sa montagne (MnA 162) avant qu'elle soit épanouie... En attendant cet heureux moment la petite Thérèse grandissait en amour de sa Mère du Ciel ; pour lui prouver cet amour elle fit une action qui lui coûta beaucoup et que je vais raconter en peu de mots, malgré sa longueur...

Presque aussitôt après mon entrée à l'abbaye, j'avais été reçue dans l'association des Saints Anges ; j'aimais beaucoup les pratiques de dévotion qu'elle m'imposait, ayant un attrait tout particulier à prier les Bienheureux Esprits du Ciel et particulièrement celui que le Bon Dieu m'a donné pour être le compagnon de mon exil. Quelque temps après ma Première Communion, le ruban d'aspirante aux enfants de Marie remplaça celui des Saints Anges, mais je quittai l'abbaye n'étant pas reçue dans l'association de la Sainte Vierge. Étant sortie avant d'avoir achevé mes études, je n'avais pas la permission d'entrer comme ancienne élève ; j'avoue que ce privilège n'excitait pas mon envie, mais pensant que toutes mes sœurs avaient été " enfants de Marie, " je craignis d'être moins qu'elles l'enfant de ma Mère des Cieux, et j'allai bien humblement (malgré ce qu'il m'en coûtât,) demander la permission d'être reçue dans l'association de la Sainte Vierge à l'Abbaye. La première maîtresse ne voulut pas me refuser, mais elle y mit pour condition que je rentrerais deux jours par semaine l'après-midi afin de montrer si j'étais digne d'être admise. Bien loin de me faire plaisir cette permission me coûta extrêmement ; je n'avais pas, comme les autres anciennes élèves, de maîtresse amie avec laquelle je pouvais aller passer plusieurs heures ; aussi je me contentais d'aller saluer la maîtresse puis je travaillais en silence jusqu'à la fin de la leçon d'ouvrage. personne ne faisait attention à moi, aussi je montais à la tribune de la chapelle et je restais devant le Saint-Sacrement jusqu'au moment où Papa venait me chercher, c'était ma seule consolation, Jésus n'était-il pas mon unique ami ?... Je ne savais parler qu'à lui, les conversations avec les créatures, même les conversations pieuses, me fatiguaient l'âme... Je sentais qu'il valait mieux parler à Dieu que de parler de Dieu, car il se mêle tant d'amour-propre dans les conversations spirituelles !... Ah ! c'était bien pour la Sainte Vierge toute seule que je venais à l'abbaye... parfois je me sentais seule, bien seule ; comme aux jours de ma vie de pensionnaire alors que je me promenais triste et malade dans la grande cour, je répétais ces paroles qui toujours faisaient renaître la paix et la force en mon cœur. " La vie est ton navire et non pas ta demeure !... " (NHA 421) Toute petite ces paroles me rendaient le courage ; maintenant encore, malgré les années qui font disparaître tant d'impressions de piété enfantine, l'image du navire charme encore mon âme et lui aide à supporter l'exil... La Sagesse aussi ne dit-elle pas que " La vie est comme le vaisseau qui fend les flots agités et ne laisse après lui aucune trace de son passage rapide ?... (NHA 422) (Sg 5,10) Quand je pense à ces choses, mon âme se plonge dans l'infini, il me semble déjà toucher le rivage éternel... Il me semble recevoir les embrassements de Jésus... Je crois voir Ma Mère du Ciel venant à ma rencontre avec Papa... Maman... les quatre petits anges... Je crois jouir enfin pour toujours de la vraie, de l'éternelle vie en famille... Avant de voir la famille réunie au foyer Paternel des Cieux, je devais passer encore par bien des séparations ; l'année où je fus reçue enfant de la Sainte Vierge, elle me ravit ma chère Marie (NHA 423) l'unique soutien de mon âme... C'était Marie qui me guidait, me consolait, m'aidait à pratiquer la vertu ; elle était mon seul oracle. Sans doute, Pauline était restée bien avant dans mon cœur, mais Pauline était loin, bien loin de moi !... J'avais souffert le martyre pour m'habituer à vivre sans elle, pour voir entre elle et moi des murs infranchissables ; mais enfin j'avais fini par reconnaître la triste réalité : Pauline était perdue pour moi, presque de la même manière que si elle était morte. Elle m'aimait toujours, priait pour moi, mais à mes yeux, ma Pauline chérie était devenue une Sainte, qui ne devait plus comprendre les choses de la terre ; et les misères de sa pauvre Thérèse auraient dû, si elle les avait connues, l'étonner et l'empêcher de l'aimer autant... D'ailleurs, alors même que j'aurais voulu lui confier mes pensées comme aux Buissonnets, je ne l'aurais pas pu, les parloirs n'étaient que pour Marie. Céline et moi n'avions la permission d'y venir qu'à la fin, juste pour avoir le temps de nous serrer le cœur... Ainsi je n'avais en réalité que Marie, elle m'était pour ainsi dire indispensable, je ne disais qu'à elle mes scrupules et j'étais si obéissante que jamais mon confesseur n'a connu ma vilaine maladie ; je lui disais juste le nombre de péchés que Marie m'avait permis de confesser, pas un de plus, aussi j'aurais pu passer pour être l'âme la moins scrupuleuse de la terre, malgré que je le fusse au dernier degré... Marie savait donc tout ce qui passait en mon âme, elle savait aussi mes désirs du Carmel et je l'aimais tant que je ne pouvais pas vivre sans elle. Ma tante nous invitait tous les ans à venir les unes après les autres chez elle à Trouville, j'aurais beaucoup aimé y aller, mais avec Marie ! Quand je ne l'avais pas, je m'ennuyais beaucoup. Une fois cependant, j'eus du plaisir Trouville, c'était l'année du voyage de Papa à Constantinople ; (NHA 424) pour nous distraire un peu (car nous avions beaucoup de chagrin de savoir Papa si loin) Marie nous envoya, Céline et moi, passer quinze jours au bord de la mer. Je m'y amusai beaucoup parce que j'avais ma Céline. Ma Tante nous procura tous les plaisirs possibles : promenades à âne, pêche à l'équille, etc. J'étais encore bien enfant malgré mes douze ans et demi, je me souviens de ma joie en mettant de jolis rubans bleu ciel que ma Tante m'avait donnés pour mes cheveux ; je me souviens aussi de m'être confessée à Trouville même de ce plaisir enfantin qui me semblait être un péché... Un soir je fis une expérience qui m'étonna beaucoup. Marie (Guérin) qui était presque toujours souffrante, pleurnichait souvent ; alors ma Tante la câlinait, lui prodiguait les noms les plus tendres et ma chère petite cousine n'en continuait pas moins de dire en larmoyant qu'elle avait mal à la tête. Moi qui presque chaque jour avais aussi mal à la tête (NHA 425) et ne m'en plaignais pas, je voulus un soir imiter Marie, je me mis donc en devoir de larmoyer sur un fauteuil dans un coin du salon. Bientôt Jeanne et ma Tante s'empressèrent autour de moi, me demandant ce que j'avais. Je répondis comme Marie : " J'ai mal à la tête. " Il paraît que cela ne m'allait pas de me plaindre, jamais je ne pus les convaincre que le mal de tête me fît pleurer ; au lieu de me câliner, on me parla comme à une grande personne et Jeanne me reprocha de manquer de confiance en ma Tante, car elle pensait que j'avais une inquiétude de conscience... enfin j'en fus quitte pour mes frais, bien résolue à ne plus imiter les autres et je compris la fable de " L'âne et du petit chien " (NHA 426) J'étais l'âne qui ayant vu les caresses que l'on prodiguait au petit chien, était venu mettre sa lourde patte sur la table pour recevoir sa part de baisers ; mais hélas ! si je n'ai pas reçu de coups de bâton comme le pauvre animal, j'ai reçu véritablement la monnaie de ma pièce et cette monnaie me guérit pour la vie du désir d'attirer l'attention ; le seul effort que je fis pour cela me coûta trop cher !... L'année suivante qui fut celle du départ de ma chère Marie, ma Tante m'invita encore mais cette fois, seule, et je me trouvai si dépaysée qu'au bout de deux ou trois jours je tombai malade et il fallut me ramener à Lisieux ; (NHA 427) ma maladie que l'on craignait qui fut grave, n'était que la nostalgie des Buissonnets, à peine y eus-je posé le pied que la santé revint... Et c'était à cette enfant-là que le Bon Dieu allait ravir l'unique appui qui l'attachât à la vie !... Aussitôt que j'appris la détermination de Marie, je résolus de ne prendre plus aucun plaisir sur la terre... Depuis ma sortie de pension, je m'étais installée dans l'ancienne chambre de peinture à Pauline (NHA 428) et je l'avais arrangée à mon goût. C'était un vrai bazar, un assemblage de piété et de curiosités, un jardin et une volière... Ainsi, dans le fond se détachait sur le mur une grande croix de bois noir sans Christ, quelques dessins qui me plaisaient ; sur un autre mur, une bourriche garnie de mousseline et de rubans roses avec des herbes fines et des fleurs ; enfin sur le dernier mur le portrait de Pauline à dix ans trônait seul ; en dessous de ce portrait j'avais une table sur laquelle était placée une grande cage, renfermant un grand nombre d'oiseaux dont le ramage mélodieux cassait la tête aux visiteurs, mais non pas celle de leur petite maîtresse qui les chérissait beaucoup... Il y avait encore le " petit meuble blanc " rempli de mes livres d'études, cahiers, etc. sur ce meuble était posée une statue de la Sainte Vierge avec des vases toujours garnis de fleurs naturelles, des flambeaux ; tout autour il y avait une quantité de petites statues de Saints et de Saintes, des petits paniers en coquillages, des boîtes en papier bristol, etc. ! Enfin mon jardin était suspendu devant la fenêtre où je soignais des pots de fleurs (les plus rares que je pouvais trouver ;) j'avais encore une jardinière dans l'intérieur de " mon musée " et j'y mettais ma plante privilégiée... Devant la fenêtre était placée ma table couverte d'un tapis vert et sur ce tapis j'avais posé au milieu, un sablier, une petite statue de Saint Joseph, un porte-montre, des corbeilles de fleurs, un encrier, etc. Quelques chaises boiteuses et le ravissant lit de poupée à Pauline terminaient tout mon ameublement. Vraiment cette pauvre mansarde était un monde pour moi et comme Monsieur de Maistre je pourrais composer un livre intitulé : " Promenade autour de ma chambre. " C'était dans cette chambre que j'aimais à rester seule des heures entières pour étudier et méditer devant la belle vue qui s'étendait devant mes yeux... En apprenant le départ de Marie ma chambre perdit pour moi tout charme, je ne voulais pas quitter un seul instant la sœur chérie qui devait s'envoler bientôt... Que d'actes de patience je lui ai fait pratiquer ! À chaque fois que je passais devant la porte de sa chambre, je frappais jusqu'à ce qu'elle m'ouvre et je l'embrassais de tout mon cœur, je voulais faire provision de baisers pour tout le temps que je devais en être privée. Un mois avant son entrée au Carmel, Papa nous conduisit à Alençon, (NHA 429) mais ce voyage fut loin de ressembler au premier, tout y fut pour moi tristesse et amertume. Je ne pourrais dire les larmes que je versai sur la tombe de maman, parce que j'avais oublié d'apporter un bouquet de bluets cueillis pour elle. Je me faisais vraiment des peines de tout ! C'était le contraire de maintenant, car le Bon Dieu me fait la grâce de n'être abattue par aucune chose passagère. Quand je me souviens du temps passé, mon âme déborde de reconnaissance en voyant les faveurs que j'ai reçues du Ciel, il s'est fait un tel changement en moi que je ne suis pas reconnaissable... Il est vrai que je désirais la grâce " d'avoir sur mes actions un empire absolu, d'en être la maîtresse et non pas l'esclave. " (NHA 430)

Ces paroles de l'Imitation me touchaient profondément, mais je devais pour ainsi dire acheter par mes désirs cette grâce inestimable ; je n'étais encore qu'une enfant qui ne paraissait avoir d'autre volonté que celle des autres, ce qui faisait dire aux personnes d'Alençon que j'étais faible de caractère... Ce fut pendant ce voyage que Léonie fit son essai chez les clarisses, (NHA 431) j'eus du chagrin de son extraordinaire entrée, car je l'aimais bien et je n'avais pas pu l'embrasser avant son départ. Jamais je n'oublierai la bonté et l'embarras de ce pauvre petit Père en venant nous annoncer que Léonie avait déjà l'habit de clarisse... Comme nous, il trouvait cela bien drôle, mais ne voulait rien dire, voyant combien Marie était mécontente. Il nous conduisit au couvent et là, je sentis un serrement de cœur comme jamais je n'en avais senti à l'aspect d'un monastère, cela me produisait l'effet contraire au Carmel où tout me dilatait l'âme... La vue des religieuses ne m'enchanta pas davantage, et je ne fus pas tentée de rester parmi elles ; cette pauvre Léonie était cependant bien gentille sous son nouveau costume, elle nous dit de bien regarder ses yeux parce que nous ne devions plus les revoir (les clarisses ne se montrant que les yeux baissés) mais le bon Dieu se contenta de deux mois de sacrifice et Léonie revint nous montrer ses yeux bleus bien souvent mouillés de larmes... En quittant Alençon je croyais qu'elle resterait avec les clarisses, aussi ce fut le cœur bien gros que je m'éloignai de la triste rue de la demi-lune. Nous n'étions plus que trois et bientôt notre chère Marie devait aussi nous quitter... Le 15 octobre fut le jour de la séparation ! De la joyeuse et nombreuse famille des Buissonnets, il ne restait que les deux dernières enfants... Les colombes avaient fui du nid paternel, celles qui restaient auraient voulu voler à leur suite, mais leurs ailes étaient encore trop faibles pour qu'elles puissent prendre leur essor... Le Bon Dieu qui voulait appeler à lui la plus petite et la plus faible de toutes, se hâta de développer ses ailes. Lui qui se plaît à montrer sa bonté et sa puissance en se servant des instruments les moins dignes, voulut bien m'appeler avant Céline qui sans doute méritait plutôt cette faveur ; mais Jésus savait combien j'étais faible et c'est pour cela qu'Il m'a cachée la première dans le creux du rocher. (Ex 33,22) (NHA 432) (1Co 1,26-29 Ct 2,14) Lorsque Marie entra au Carmel, j'étais encore bien scrupuleuse. Ne pouvant plus me confier à elle je me tournai du côté des Cieux. Ce fut aux quatre petits anges qui m'avaient précédée là-haut que je m'adressai, car je pensais que ces âmes innocentes n'ayant jamais connu les troubles ni la crainte devaient avoir pitié de leur pauvre petite sœur qui souffrait sur la terre. Je leur parlai avec une simplicité d'enfant, leur faisant remarquer qu'étant la dernière de la famille, j'avais toujours été la plus aimée, la plus comblée des tendresses de mes sœurs, que s'ils étaient restés sur la terre ils m'auraient sans doute aussi donné des preuves d'affection... Leur départ pour le Ciel ne me paraissait pas une raison de m'oublier, au contraire se trouvant à même de puiser dans les trésors Divins, ils devaient y prendre pour moi la paix et me montrer ainsi qu'au Ciel on sait encore aimer !... La réponse ne se fit pas attendre, bientôt la paix vint inonder mon âme de ses flots délicieux et je compris que si j'étais aimée sur la terre, je l'étais aussi dans le Ciel... Depuis ce moment ma dévotion grandit pour mes petits frères et sœurs et j'aime à m'entretenir souvent avec eux, à leur parler des tristesses de l'exil... de mon désir d'aller bientôt les rejoindre dans la Patrie !... Si le Ciel me comblait de grâces, ce n'était pas parce que je les méritais, j'étais encore bien imparfaite ; j'avais, il est vrai, un grand désir de pratiquer la vertu, mais je m'y prenais d'une drôle de façon, en voici un exemple : Étant la dernière, je n'étais pas habituée à me servir. Céline faisait la chambre et nous couchions ensemble et moi je ne faisais aucun travail de ménage ; après l'entrée de Marie au Carmel, il m'arrivait quelquefois pour faire plaisir au Bon Dieu d'essayer de faire le lit, ou bien d'aller en l'absence de Céline rentrer le soir ses pots de fleurs ; comme je l'ai dit, c'était pour le Bon Dieu tout seul que je faisais ces choses, ainsi je n'aurais pas dû attendre le merci des créatures. Hélas ! il en était tout autrement, si Céline avait le malheur de n'avoir pas l'air d'être heureuse et surprise de mes petits services, je n'étais pas contente et le lui prouvais par mes larmes... J'étais vraiment insupportable par ma trop grande sensibilité ; ainsi, s'il m'arrivait de faire involontairement une petite peine à une personne que j'aimais, au lieu de prendre le dessus et de ne pas pleurer, ce qui augmentait ma faute au lieu de la diminuer, je pleurais comme une Madeleine et lorsque je commençais à me consoler de la chose en elle-même, je pleurais d'avoir pleuré... Tous les raisonnements étaient inutiles et je ne pouvais arriver à me corriger de ce vilain défaut. Je ne sais comment je me berçais de la douce pensée d'entrer au Carmel, étant encore dans les langes de l'enfance !... Il fallut que le Bon Dieu fasse un petit miracle pour me faire grandir en un moment et ce miracle il le fit au jour inoubliable de Noël, en cette nuit lumineuse qui éclaire les délices de la Trinité Sainte, Jésus, le doux Enfant d'une heure, changea la nuit de mon âme en torrents de lumière... (Ps 139,12) En cette nuit où Il se fit faible et souffrant pour mon amour, Il me rendit forte et courageuse, Il me revêtit de (Ep 6,11) ses armes et depuis cette nuit bénie je ne fus vaincue en aucun combat, mais au contraire je marchai de victoires en victoires et commençai pour ainsi dire " une course de géant !... " (NHA 501) (Ps 19,6)

La source de mes larmes fut tarie et ne s'ouvrit depuis que rarement et difficilement ce qui justifia cette parole qui m'avait été dite : " Tu pleures tant dans ton enfance que plus tard tu n'auras plus de larmes à verser !... " Ce fut le 25 décembre 1886 que je reçus la grâce de sortir de l'enfance, en un mot la grâce de ma complète conversion. Nous revenions de la messe de minuit où j'avais eu le bonheur de recevoir le Dieu fort et puissant. (Ps 24,8) En arrivant aux Buissonnets je me réjouissais d'aller prendre mes souliers dans la cheminée, cet antique usage nous avait causé tant de joie pendant notre enfance que Céline voulait continuer à me traiter comme un bébé puisque j'étais la plus petite de la famille... Papa aimait à voir mon bonheur, à entendre mes cris de joie en tirant chaque surprise des souliers enchantés, et la gaîté de mon Roi chéri augmentait beaucoup mon bonheur, mais Jésus voulant me montrer que je devais me défaire des défauts de l'enfance m'en retira aussi les innocentes joies ; il permit que Papa, fatigué de la messe de minuit, éprouvât de l'ennui en voyant mes souliers dans la cheminée et qu'il dît ces paroles qui me percèrent le cœur : " Enfin, heureusement que c'est la dernière année !... " Je montais alors l'escalier pour aller défaire mon chapeau, Céline connaissant ma sensibilité et voyant des larmes briller dans mes yeux eut aussi bien envie d'en verser, car elle m'aimait beaucoup et comprenait mon chagrin : " O Thérèse ! me dit-elle, ne descends pas, cela te ferait trop de peine de regarder tout de suite dans tes souliers. " Mais Thérèse n'était plus la même, Jésus avait changé son cœur ! Refoulant mes larmes, je descendis rapidement l'escalier et comprimant les battements de mon cœur, je pris mes souliers et les posant devant Papa, je tirai joyeusement tous les objets, ayant l'air heureuse comme une reine. Papa riait, il était aussi redevenu joyeux et Céline croyait rêver !... Heureusement c'était une douce réalité, la petite Thérèse avait retrouvé la force d'âme qu'elle avait perdue à quatre ans et demi et c'était pour toujours qu'elle devait la conserver !...

En cette nuit de lumière commença la troisième période de ma vie, la plus belle de toutes, la plus remplie des grâces du Ciel... En un instant l'ouvrage que je n'avais pu faire en dix ans, Jésus le fit se contentant de ma bonne volonté qui jamais ne me fit défaut. Comme ses apôtres, je pouvais Lui dire : " Seigneur, j'ai pêché toute la nuit sans rien prendre. " (NHA 502) (Lc 5,4-10) Plus miséricordieux encore pour moi qu'Il ne le fut pour ses disciples, Jésus prit Lui-même le filet, le jeta et le retira rempli de poissons... Il fit de moi un pêcheur d'âmes, je sentis un grand désir de travailler à la conversion des pécheurs, désir que je n'avais pas senti aussi vivement... je sentis en un mot la charité entrer dans mon cœur, le besoin de m'oublier pour faire plaisir et depuis lors je fus heureuse !... Un dimanche en regardant une photographie de Notre-Seigneur en Croix, je fus frappée par le sang qui tombait d'une de ses mains Divines, j'éprouvai une grande peine en pensant que ce sang tombait à terre sans que personne ne s'empresse de le recueillir, et je résolus de me tenir en esprit au pied de (la) Croix pour recevoir la Divine rosée qui en découlait, comprenant qu'il me faudrait ensuite la répandre sur les âmes... Le cri de Jésus sur la Croix retentissait aussi continuellement dans mon cœur : " J'ai soif ! " (NHA 503) Ces paroles allumaient en moi une ardeur inconnue et très vive... Je voulais donner à boire à mon Bien-

Aimé et je me sentais moi-même dévorée de la soif des âmes... (Jn 19,28) Ce n'était pas encore les âmes de prêtres qui m'attiraient, mais celles des grands pécheurs, je brûlais du désir de les arracher aux flammes éternelles... Afin d'exciter mon zèle le Bon Dieu me montra qu'il avait mes désirs pour agréables. J'entendis parler d'un grand criminel qui venait d'être condamné à mort pour des crimes horribles (NHA 504) tout portait à croire qu'il mourrait dans l'impénitence. Je voulus à tout prix l'empêcher de tomber en enfer, afin d'y parvenir j'employai tous les moyens imaginables ; sentant que de moi-même je ne pouvais rien, j'offris au Bon Dieu tous les mérites infinis de Notre-Seigneur, les trésors de la Sainte Église, enfin je priai Céline de faire dire une messe dans mes intentions, n'osant pas la demander moi-même dans la crainte d'être obligée d'avouer que c'était pour Pranzini, le grand criminel. Je ne voulais pas non plus le dire à Céline, mais elle me fit de si tendres et si pressantes questions que je lui confiai mon secret ; bien loin de se moquer de moi, elle me demanda de m'aider convertir mon pécheur, j'acceptai avec reconnaissance, car j'aurais voulu que toutes les créatures s'unissent à moi pour implorer la grâce du coupable. Je sentais au fond de mon cœur la certitude que nos désirs seraient satisfaits, mais afin de me donner du courage pour continuer à prier pour les pécheurs, je dis au Bon Dieu que j'étais bien sûre qu'Il pardonnerait au pauvre malheureux Pranzini, que je le croirais même s'il ne se confessait pas et ne donnait aucune parole de repentir, tant j'avais de confiance en la miséricorde infinie de Jésus, mais que je lui demandais seulement " un signe " de repentir pour ma simple consolation... Ma prière fut exaucée à la lettre ! Malgré la défense que Papa nous avait faite de lire aucun journal, je ne croyais pas désobéir en lisant les passages qui parlaient de Pranzini. Le lendemain de son exécution je trouve sous ma main le journal " La Croix ". Je l'ouvre avec empressement et que vois-je ?... Ah ! mes larmes trahirent muon émotion et je fus obligée de me cacher... Pranzini ne s'était pas confessé, il était monté sur l'échafaud et s'apprêtait à passer sa tête dans le lugubre trou, quand tout à coup, saisi d'une inspiration subite, il se retourne, saisit un Crucifix que lui présentait le prêtre et baise par trois fois ses plaies sacrées !... Puis son âme alla recevoir la sentence miséricordieuse de Celui qui déclare qu'au Ciel il y aura plus de joie pour un seul pécheur qui fait pénitence que pour quatre-vingt-dix-neuf justes qui n'ont pas besoin de pénitence !... (NHA 505) (Lc 15,7) J'avais obtenu " le signe " demandé et ce signe était la reproduction fidèle de grâces que Jésus m'avait faites pour m'attirer à prier pour les pécheurs. N'était-ce pas devant les plaies (de) Jésus, en voyant couler son sang Divin que la soif des âmes était entrée dans mon cœur ? Je voulais leur donner à boire ce sang innocent qui devait les purifier de leurs souillures, et les lèvres de " mon premier enfant " allèrent se coller sur les plaies sacrées !... Quelle réponse ineffablement douce !... Ah ! depuis cette grâce unique, mon désir de sauver les âmes grandit chaque jour, il me semblait entendre Jésus me dire comme à la samaritaine : " Donne-moi à boire ! " (Lc 15,7) (NHA 506) (Jn 4,6-15) C'était un véritable échange d'amour ; aux âmes je donnais le sang de Jésus, à Jésus j'offrais ces mêmes âmes rafraîchies par sa rosée Divine ; ainsi il me semblait le désaltérer et plus je lui donnais à boire, plus la soif de ma pauvre petite âme augmentait et c'était cette soif ardente qu'Il me donnait comme le plus délicieux breuvage de son amour... En peu de temps le Bon Dieu avait su me faire sortir du cercle étroit où je tournais ne sachant comment en sortir. En voyant le chemin qu'Il me fit parcourir, ma reconnaissance est grande, mais il faut bien que j'en convienne, si le plus grand pas était fait il me restait encore bien des choses quitter. Dégagé de ses scrupules, de sa sensibilité excessive, mon esprit se développa. J'avais toujours aimé le grand, le beau, mais à cette époque je fus prise d'un désir extrême de savoir. Ne me contentant pas des leçons et des devoirs que me donnait ma maîtresse, je m'appliquais seule à des études spéciales d'histoire et de science. Les autres études me laissaient indifférente, mais ces deux parties attiraient toute mon attention ; aussi, en peu de mois j'acquis plus de connaissances que pendant mes années d'études. Ah ! cela n'était bien que vanité et affliction d'esprit... (NHA 507) (Qo 2,11) Le chapitre de l'Imitation où il est parlé de sciences (NHA 508) me revenait souvent à la pensée, mais je trouvais le moyen de continuer quand même, me disant qu'étant en âge d'étudier, il n'y avait pas de mal à le faire. Je ne crois pas avoir offensé le Bon Dieu (bien que je reconnaisse avoir passé là un temps inutile) car je n'y employais qu'un certain nombre d'heures que je ne voulais pas dépasser afin de mortifier mon désir trop vif de savoir... J'étais à l'âge le plus dangereux pour les jeunes filles, mais le bon Dieu a fait pour moi ce que rapporte Ézéchiel dans ses prophéties : " Passant auprès de moi, Jésus a vu que le temps était venu pour moi d'être aimée. " (Ez 16,8-13) Il a fait alliance avec moi et je suis devenue sienne... Il a étendu sur moi son manteau, il m'a lavée dans les parfums précieux, m'a revêtue de robes brodées, me donnant des colliers et des parures sans prix... l m'a nourrie de la plus pure farine, de miel et d'huile en abondance... alors je suis devenue belle à ses yeux et Il a fait de moi une puissante reine !... " (NHA 509) Oui Jésus a fait tout cela pour moi, je pourrais reprendre chaque mot que je viens d'écrire et prouver qu'il s'est réalisé en ma faveur, mais les grâces que j'ai rapportées plus haut en sont une preuve suffisante ; je vais seulement parler de (la) nourriture qu'Il m'a prodiguée " en abondance. " Depuis longtemps je me nourrissais de " la pure farine " contenue dans l'Imitation, c'était le seul livre qui me fit du bien, car je n'avais pas encore trouvé les trésors cachés dans l'Évangile. (Is 45,3) Je savais par cœur presque tous les chapitres de ma chère Imitation, ce petit livre ne me quittait jamais ; en été, je le portais dans ma poche, en hiver, dans mon manchon, aussi était-il devenu traditionnel ; chez ma Tante on s'en amusait beaucoup et l'ouvrant au hasard, on me faisait réciter le chapitre qui se trouvait devant les yeux. A quatorze ans, avec mon désir de science, le Bon Dieu trouva qu'il était nécessaire de joindre " à la pure farine " du " miel et de l'huile en abondance. " Ce miel et cette huile, il me les fit trouver dans les conférences de Monsieur l'abbé Arminjon, sur la fin du monde présent et les mystères de la vie future. (NHA 510) Ce livre avait été prêté à Papa par mes chères carmélites, aussi contrairement à mon habitude (car je ne lisais pas les livres de papa) je demandai à le lire. Cette lecture fut encore une des plus grandes grâces de ma vie, je la fis à la fenêtre de ma chambre d'étude, et l'impression que j'en ressens est trop intime et trop douce pour que je puisse la rendre... Toutes les grandes vérités de la religion, les mystères de l'éternité, plongeaient mon âme dans un bonheur qui n'était pas de la terre... (1Co 2,9) Je pressentais déjà ce que Dieu réserve à ceux qui l'aiment (non pas avec l'œil de l'homme mais avec celui du cœur) (NHA 511) et voyant que les récompenses éternelles n'avaient nulle proportion avec les légers sacrifices de la vie (NHA 512) (2Co 4,17-47) je voulais aimer, aimer Jésus avec passion, lui donner mille marques d'amour pendant que je le pouvais encore... (Gn 15,1) Je copiai plusieurs passages sur le parfait amour et sur la réception que le Bon Dieu doit faire à ses élus au moment où Lui-même deviendra leur grande et éternelle récompense, FCB je redisais sans cesse les paroles d'amour qui avaient embrasé mon cœur... Céline était devenue la confidente intime de mes pensées ; depuis Noël nous pouvions nous comprendre, la distance d'âge n'existait plus puisque j'étais devenue grande en taille et surtout en grâce... Avant cette époque je me plaignais souvent de ne point savoir les secrets de Céline, elle me disait que j'étais trop petite, qu'il me faudrait grandir " de la hauteur d'un tabouret " afin qu'elle puisse avoir confiance en moi... J'aimais à monter sur ce précieux tabouret lorsque j'étais à côté d'elle et je lui disais de me parler intimement, mais mon industrie était inutile, une distance nous séparait encore... Jésus qui voulait nous faire avancer ensemble, forma dans nos cœurs des liens plus forts que ceux du sang. Il nous fit devenir sœurs d'âmes, en nous se réalisèrent ces paroles du Cantique de Saint Jean de la Croix (parlant à l'époux, l'épouse s'écrie) : " En suivant vos traces, les jeunes filles parcourent légèrement le chemin, l'attouchement de l'étincelle, le vin épicé leur font produire des aspirations divinement embaumées. " (NHA 513) Oui, c'était bien légèrement que nous suivions les traces de Jésus ; les étincelles d'amour qu'il semait à pleines mains dans nos âmes, le vin délicieux et fort qu'Il nous donnait à boire faisait disparaître à nos yeux les choses passagères et de nos lèvres sortaient des aspirations d'amour inspirées par Lui. Qu'elles étaient douces les conversations que nous avions chaque soir dans le belvédère ! Le regard plongé dans le lointain, nous considérions la blanche lune s'élevant doucement derrière les grands arbres... les reflets argentés qu'elle répandait sur la nature endormie... les brillantes étoiles scintillant dans l'azur profond... le souffle léger de la brise du soir faisant flotter les nuages neigeux, tout élevait nos âmes vers le Ciel, le beau Ciel dont nous ne contemplions encore " que l'envers limpide... " (NHA 514) Je ne sais si je me trompe, mais il me semble que l'épanchement de nos âmes ressemblait à celui de Sainte Monique avec son fils lorsqu'au port d'Ostie ils restaient perdus dans l'extase à la vue des merveilles du Créateur... Il me semble que nous recevions des grâces d'un ordre aussi élevé que celles accordées aux grands saints. Comme dit l'Imitation, le Bon Dieu se communique parfois au milieu d'une vive splendeur ou bien " doucement voilé sous des ombres et des figures, " (NHA 515) c'était de cette manière qu'Il daignait se manifester à nos âmes, mais qu'il était transparent et léger le voile qui dérobait Jésus à nos regards !... Le doute n'était pas possible, déjà la Foi et l'Espérance n'étaient plus nécessaires, l'amour nous faisait trouver sur la terre Celui que nous cherchions. " L'ayant trouvé seul, il nous avait donné son baiser, afin qu'à l'avenir personne ne puisse nous mépriser. " (NHA 516) (Ct 8,1) Des grâces aussi grandes ne devaient pas rester sans fruits, aussi furent-ils abondants, la pratique de la vertu nous devint douce et naturelle ; au commencement mon visage trahissait souvent le combat, mais peu à peu cette impression disparut et le renoncement me devint facile même au premier instant. Jésus l'a dit : " A celui qui possède, on donnera encore et il sera dans l'abondance. " (NHA 517) (Mt 3,12 25,29) Pour une grâce fidèlement reçue, Il m'en accordait une multitude d'autres... Il se donnait Lui-même à moi dans la Sainte Communion plus souvent que je n'aurais osé l'espérer. J'avais pris pour règle de conduite de faire, sans en manquer une seule, les communions que mon confesseur me donnerait, mais de le laisser en régler le nombre, sans jamais lui en demander. Je n'avais point à cette époque l'audace que je possède maintenant, sans cela j'aurais agi autrement, car je suis bien sûre qu'une âme doit dire à son confesseur l'attrait qu'elle sent à recevoir son Dieu ; (Gn 1,26) ce n'est pas pour rester dans le ciboire d'or qu'Il descend chaque jour du Ciel, c'est afin de trouver un autre Ciel qui lui est infiniment plus cher que le premier : le Ciel de notre âme, faite à son image, FCB le temple vivant de l'adorable Trinité !... (1Co 3,16) Jésus qui voyait mon désir et la droiture de mon cœur permit que pendant le mois de mai, mon confesseur me dit de faire la Sainte Communion quatre fois par semaine et ce beau mois passé, il en ajouta une cinquième à chaque fois qu'il se trouverait une fête. De bien douces larmes coulèrent de mes yeux en sortant du confessionnal ; il me semblait que c'était Jésus Lui-même qui voulait se donner à moi, car je n'étais que très peu de temps à confesse jamais je ne disais un mot de mes sentiments intérieurs, la voie par laquelle je marchais était si droite, si lumineuse qu'il ne me fallait pas d'autre guide que Jésus... Je comparais les directeurs à des miroirs fidèles qui reflétaient Jésus dans les âmes et je disais que pour moi le Bon Dieu ne se servait pas d'intermédiaire mais agissait directement !... Lorsqu'un jardinier entoure de soins un fruit qu'il veut faire mûrir avant la saison, ce n'est jamais pour le laisser suspendu à l'arbre, mais afin de le présenter sur une table brillamment servie. C'était dans une intention semblable que Jésus prodiguait ses grâces à sa petite fleurette... Lui qui s'écriait aux jours de sa vie mortelle dans un transport de joie : " Mon Père, je vous bénis de ce que vous avez caché ces choses aux sages et aux prudents et que vous les avez révélées aux plus petits, " (NHA 518) (Lc 10,21) voulait faire éclater en moi sa miséricorde ; parce que j'étais petite et faible il s'abaissait vers moi, il m'instruisait en secret des choses de son amour. Ah ! si des savants ayant passé leur vie dans l'étude étaient venus m'interroger, sans doute auraient-ils été étonnés de voir une enfant de quatorze ans comprendre les secrets de la perfection, secrets que toute leur science ne leur peut découvrir, puisque pour les posséder il faut être pauvre d'esprit !... (Mt 5,3) Comme le dit Saint Jean de la Croix en son cantique : " Je n'avais ni guide, ni lumière, excepté celle qui brillait dans mon cœur, cette lumière me guidait plus sûrement que celle du midi au lieu où m'attendait Celui qui me connaît parfaitement. " (NHA 519) (NHA 518) Ce lieu, c'était le Carmel ; avant de " me reposer à l'ombre de Celui que je désirais, " (NHA 520) je devais passer par bien des épreuves, (Ct 2,3) mais l'appel Divin était si pressant que m'eût-il fallu traverser les flammes, je l'aurais fait pour être fidèle à Jésus... Pour m'encourager dans ma vocation, je ne trouvai qu'une seule âme, ce fut celle de ma Mère chérie... mon cœur trouva dans le sien un écho fidèle et sans elle je ne serais sans doute pas arrivée au rivage béni qui l'avait reçue depuis cinq ans sur son sol imprégné de la rosée céleste... Oui depuis cinq ans j'étais éloignée de vous, ma Mère chérie, je croyais vous avoir perdue, mais au moment de l'épreuve c'est votre main qui m'indiqua la route qu'il me fallait suivre... J'avais besoin de ce soulagement, car mes parloirs au Carmel m'étaient devenus de plus en plus pénibles, je ne pouvais parler de mon désir d'entrer sans me sentir repoussée. Marie trouvant que j'étais trop jeune, faisait tout son possible pour empêcher mon entrée ; vous-même, ma Mère, afin de m'éprouver, essayiez quelquefois de ralentir mon ardeur ; enfin si je n'avais pas eu vraiment (la) vocation, je me serais arrêtée dès le début car je rencontrai des obstacles aussitôt que je commençai à répondre à l'appel de Jésus. Je ne voulus pas dire à Céline mon désir d'entrer si jeune au Carmel et cela me fit souffrir davantage car il m'était bien difficile de lui cacher quelque chose... Cette souffrance ne dura pas longtemps, bientôt ma petite sœur chérie apprit ma détermination et loin d'essayer de me détourner, elle accepta avec un courage admirable le sacrifice que le Bon Dieu lui demandait ; pour comprendre combien il fut grand, il faudrait savoir à quel point nous étions unies... c'était pour ainsi dire la même âme qui nous faisait vivre ; depuis peu de mois nous jouissions ensemble de la vie la plus douce que des jeunes filles puissent rêver ; tout, autour de nous, répondait à nos goûts, la liberté la plus grande nous était donnée, enfin je disais que notre vie était sur la terre l'Idéal du bonheur... A peine avions-nous eu le temps de goûter cet idéal du bonheur, qu'il fallait s'en détourner librement, et ma Céline chérie ne se révolta pas un instant. Ce n'était pas elle cependant que Jésus appelait la première, aussi aurait-elle pu se plaindre... ayant la même vocation que moi, c'était à elle de partir !... Mais comme au temps des martyrs, ceux qui restaient dans la prison donnaient joyeusement le baiser de paix à leurs frères partant les premiers pour combattre dans l'arène et se consolaient dans la pensée que peut-être ils étaient réservés pour des combats plus grands encore, ainsi Céline laissa-t-elle sa Thérèse s'éloigner et resta seule pour le glorieux et sanglant combat (NHA 821) auquel Jésus la destinait comme la privilégiée de son amour !... Céline devint donc la confidente de mes luttes et de mes souffrances, elle prit la même part que s'il se fut agi de sa propre vocation ; de son côté je n'avais pas à craindre d'opposition, mais je ne savais quel moyen prendre pour l'annoncer à Papa... Comment lui parler de quitter sa reine, lui qui venait de sacrifier ses trois aînées ? Ah ! que (de) luttes intimes n'ai-je pas souffertes avant de me sentir le courage de parler !... Cependant il fallait me décider, j'allais avoir quatorze ans et demi, six mois seulement nous séparaient encore de la belle nuit de Noël où j'avais résolu d'entrer, à l'heure même où l'année précédente j'avais reçu " ma grâce. " Pour faire ma grande confidence je choisis le jour de la Pentecôte (NHA 522) toute la journée je suppliai les Saints Apôtres de prier pour moi, de m'inspirer les paroles que j'allais avoir à dire... N'était-ce pas eux en effet qui devaient aider l'enfant timide que Dieu destinait à devenir l'apôtre des apôtres par la prière et le sacrifice ?... Ce ne fut que l'après-midi en revenant des vêpres que je trouvai l'occasion de parler à mon petit Père chéri ; il était allé s'asseoir au bord de la citerne et là, les mains jointes, il contemplait les merveilles de la nature, le soleil dont les feux avaient perdu leur ardeur dorait le sommet des grands arbres, où les petits oiseaux chantaient joyeusement leur prière du soir. La belle figure de Papa avait une expression céleste, je sentais que la paix inondait son cœur ; sans dire un seul mot j'allai m'asseoir à ses côtés, les yeux déjà mouillés de larmes, il me regarda avec tendresse et prenant ma tête il l'appuya sur son cœur, me disant : " Qu'as-tu ma petite reine ?... confie-moi cela... " puis se levant comme pour dissimuler sa propre émotion, il marcha lentement, tenant toujours ma tête sur son cœur. À travers mes larmes je lui confiai mon désir d'entrer au Carmel, alors ses larmes vinrent se mêler aux miennes, mais il ne dit pas un mot pour me détourner de ma vocation, se contentant simplement de me faire remarquer que j'étais encore bien jeune pour prendre une détermination aussi grave. Mais je défendis si bien ma cause, qu'avec la nature simple et droite de Papa, il fut bientôt convaincu que mon désir était celui de Dieu lui-même et dans sa foi profonde il s'écria que le Bon Dieu lui faisait un grand honneur de lui demander ainsi ses enfants ; nous continuâmes longtemps notre promenade, mon cœur soulagé par la bonté avec laquelle mon incomparable Père avait accueilli ses confidences, s'épanchait doucement dans le sien. Papa semblait jouir de cette joie tranquille que donne le sacrifice accompli, il me parla comme un saint et je voudrais me rappeler ses paroles pour les écrire ici, ais je n'en ai conservé qu'un souvenir trop embaumé pour qu'il puisse se traduire. Ce dont je me souviens parfaitement ce fut de l'action symbolique que mon Roi chéri accomplit sans le savoir. S'approchant d'un mur peu élevé, il me montra de petites fleurs blanches semblables a des lys en miniature et prenant une de ces fleurs, il me la donna, m'expliquant avec quel soin le Bon Dieu l'avait fait naître et l'avait conservée jusqu'à ce jour ; en l'entendant parler, je croyais écouter mon histoire tant il y avait de ressemblance entre ce que Jésus avait fait pour la petite fleur et la petite Thérèse... Je reçus cette fleurette comme une relique et je vis qu'en voulant la cueillir, Papa avait enlevé toutes ses racines sans les briser, elle semblait destinée à vivre encore dans une autre terre plus fertile que la mousse tendre où s'étaient écoulés ses premiers matins... C'était bien cette même action que Papa venait de faire pour moi quelques instants plus tôt, en me permettant de gravir la montagne du Carmel et de quitter la douce vallée témoin de mes premiers pas dans la vie. Je plaçai ma petite fleur blanche dans mon Imitation, au chapitre intitulé : " Qu'il faut aimer Jésus par-dessus toutes choses, " (NHA 523) c'est là qu'elle est encore, seulement la tige s'est brisée tout près de la racine et le Bon Dieu semble me dire par là qu'il brisera bientôt les liens de sa petite fleur (Ps 116,16) et ne la laissera pas se faner sur la terre ! Après avoir obtenu le consentement de Papa, je croyais pouvoir m'envoler sans crainte au Carmel, mais de bien douloureuses épreuves devaient encore éprouver ma vocation. Ce ne fut qu'en tremblant que je confiai à mon oncle la résolution que j'avais prise. (NHA 524) Il me prodigua toutes les marques de tendresse possibles, cependant il ne me donna pas la permission de partir, au contraire il me défendit de lui parler de ma vocation avant l'âge de dix-sept ans. C'était contraire à la prudence humaine disait-il, de faire entrer au Carmel une enfant de quinze ans, cette vie de carmélite étant aux yeux du monde une vie de philosophe, ce serait faire grand tort à la religion de laisser une enfant sans expérience l'embrasser... Tout le monde en parlerait, etc., etc. Il dit même que pour le décider à me laisser partir il faudrait un miracle. Je vis bien que tous les raisonnements seraient inutiles, aussi je me retirai, le cœur plongé dans l'amertume la plus profonde ; ma seule consolation était la prière, je suppliais Jésus de faire le miracle demandé puisqu'à ce prix seulement je pourrais répondre à son appel. Un temps assez long se passa (NHA 525) avant que j'ose parler de nouveau à mon oncle ; cela me coûtait extrêmement d'aller chez lui, de son côté ii paraissait ne plus penser à ma vocation, mais j'ai su plus tard que ma grande tristesse l'influença beaucoup en ma faveur. Avant de faire luire sur mon âme un rayon d'espérance, le Bon Dieu voulut m'envoyer un martyre bien douloureux qui dura trois jours (NHA 526) Oh ! jamais je n'ai si bien compris que pendant cette épreuve, la douleur de la Ste Vierge et de St Joseph cherchant le divin Enfant

Jésus... (Lc 2,41-50) J'étais dans un triste désert ou plutôt mon âme était semblable au fragile esquif livré sans pilote à la merci des flots orageux... Je le sais Jésus était là dormant sur ma nacelle, (Mc 4,27-29) mais la nuit était si noire qu'il m'était impossible de le voir, rien ne m'éclairait, pas même un éclair ne venait sillonner les sombres nuages... Sans doute c'est une bien triste lueur que celle des éclairs, mais au moins, si l'orage avait éclaté ouvertement, j'aurais pu apercevoir un instant Jésus... c'était la nuit, la nuit profonde de l'âme... comme Jésus au jardin de l'agonie, (Lc 22,39-46) je me sentais seule, ne trouvant de consolation ni sur la terre ni du côté des Cieux, le Bon Dieu paraissait m'avoir délaissée !... La nature semblait prendre part à ma tristesse amère, pendant ces trois jours, le soleil ne fit pas luire un seul de ses rayons et la pluie tomba par torrents. (J'ai remarqué que dans toutes les circonstances graves de ma vie, la nature était l'image de mon âme. Les jours de larmes, le Ciel pleurait avec moi, les jours de joie, le Soleil envoyait à profusion ses gais rayons et l'azur n'était obscurci d'aucun nuage...) Enfin le quatrième jour qui se trouvait être un samedi, jour consacré à la douce Reine des Cieux, j'allai voir mon oncle. Quelle ne fut pas ma surprise en le voyant me regarder et me faire entrer dans son cabinet sans que je lui en eusse témoigné le désir !... Il commença par me faire de doux reproches de ce que je paraissais avoir peur de lui et puis il me dit qu'il n'était pas nécessaire de demander un miracle, qu'il avait seulement prié le Bon Dieu de lui donner " une simple inclination de cœur " et qu'il était exaucé... Ah ! je ne fus pas tentée d'implorer de miracle, car pour moi le miracle était accordé, mon oncle n'était plus le même. Sans faire aucune allusion à " la prudence humaine " il me dit que j'étais une petite fleur que le Bon Dieu voulait cueillir et qu'il ne s'y opposerait plus !... Cette réponse définitive était vraiment digne de lui. Pour la troisième fois ce Chrétien d'un autre âge permettait qu'une des filles adoptives de son cœur allât s'ensevelir loin du monde. Ma Tante aussi fut admirable de tendresse et de prudence, je ne me souviens pas que pendant mon épreuve elle m'ait dit un mot qui pût l'augmenter, je voyais qu'elle avait grand'pitié de sa pauvre petite Thérèse, aussi lorsque j'eus obtenu le consentement de mon cher Oncle, elle me donna le sien mais non sans me prouver de mille manières que mon départ lui causerait du chagrin... Hélas ! nos chers parents étaient loin de s'attendre alors qu'il leur faudrait renouveler deux fois encore le même sacrifice... Mais en tendant la main pour demander toujours, le Bon Dieu ne la présenta pas vide, ses amis les plus chers purent y puiser abondamment la force et le courage qui leur étaient si nécessaires... Mais mon cœur m'emporte bien loin de mon sujet, j'y retourne presque à regret : après la réponse de mon Oncle, vous comprenez, ma Mère, avec quelle allégresse je repris le chemin des Buissonnets, sous " le beau Ciel, dont les nuages s'étaient complètement dissipés !... " Dans mon âme aussi la nuit avait cessé. Jésus en se réveillant m'avait rendu la joie, le bruit des vagues s'était apaisé ; au lieu du vent de l'épreuve une brise légère enflait ma voile et je croyais arriver bientôt sur le rivage béni (Mc 4,37-39) que j'apercevais tout près de moi. Il était en effet bien près de ma nacelle, mais plus d'un orage devait encore s'élever et lui dérobant la vue de son phare lumineux, lui faire craindre de s'être éloignée sans retour de la plage si ardemment désirée... Peu de jours après avoir obtenu le consentement de mon oncle, j'allais vous voir, (NHA 527) ma Mère chérie, et je vous dis ma joie de ce que toutes mes épreuves étaient passées, mais quelle ne fut pas ma surprise et mon chagrin en vous entendant me dire que Monsieur le Supérieur (NHA 528) ne consentait pas à mon entrée avant l'âge de vingt-et-un ans... Personne n'avait pensé à cette opposition, la plus invincible de toutes ; cependant sans perdre courage j'allai moi-même avec Papa et Céline chez notre Père, afin d'essayer de le toucher en lui montrant que j'avais bien la vocation du Carmel. Il nous reçut très froidement, mon incomparable petit Père eut beau joindre ses instances aux miennes, rien ne put changer sa disposition. Il me dit qu'il n'y avait pas de péril à la demeure, que je pouvais mener une vie de carmélite à la maison, que si je ne prenais pas la discipline tout ne serait pas perdu..., etc., etc. enfin il finit par ajouter qu'il n'était que le délégué de Monseigneur et que s'il voulait me permettre d'entrer au Carmel, lui n'aurait plus rien à dire... Je sortis tout en larmes du presbytère, heureusement j'étais cachée par mon parapluie, car la pluie tombait par torrents. Papa ne savait comment me consoler... il me promit de me conduire à Bayeux aussitôt que j'en témoignai le désir, car j'étais résolue d'arriver à mes fins, je dis même que j'irais jusqu'au Saint Père, si Monseigneur ne voulait pas me permettre d'entrer au Carmel à quinze ans... Bien des événements se passèrent avant mon voyage à Bayeux (NHA 529) à l'extérieur ma vie paraissait la même, j'étudiais, je prenais des leçons de dessin avec Céline (NHA 530) et mon habile maîtresse trouvait en moi beaucoup de dispositions à son art. Surtout je grandissais dans l'amour du Bon Dieu, je sentais en mon cœur des élans inconnus jusqu'alors, parfois j'avais de véritables transports d'amour. Un soir ne sachant comment dire à Jésus que je l'aimais et combien je désirais qu'Il soit partout aimé et glorifié, je pensais avec douleur qu'Il ne pourrait jamais recevoir de l'enfer un seul acte d'amour ; alors je dis au Bon Dieu que pour lui faire plaisir je consentirais bien à m'y voir plongée, afin qu'il soit aimé éternellement dans ce lieu de blasphème... Je savais que cela ne pouvait pas le glorifier, puisqu'Il ne désire que notre bonheur, mais quand on aime, on éprouve le besoin de dire mille folies ; si je parlais de la sorte, ce n'était pas que le Ciel n'excitât mon envie, mais alors mon Ciel à moi n'était autre que l'Amour et je sentais comme Saint Paul que rien ne pourrait me détacher de l'objet divin qui m'avait ravie !... (NHA 531) (Rm 8,35-39) Avant de quitter le monde, le Bon Dieu me donna la consolation de contempler de près des âmes d'enfants ; étant la plus petite de la famille, je n'avais jamais eu ce bonheur, voici les tristes circonstances qui me le procurèrent : Une pauvre femme, parente de notre bonne, mourut à la fleur de l'âge laissant trois enfants tout petits ; pendant sa maladie nous prîmes à la maison les deux petites filles dont l'aînée n'avait pas six ans, je m'en occupais toute la journée et c'était un grand plaisir pour moi de voir avec quelle candeur elles croyaient tout ce que je leur disais. Il faut que le saint Baptême dépose dans les âmes un germe bien profond des vertus théologales puisque dès l'enfance elles se montrent déjà et que l'espérance de biens futurs suffit pour faire accepter des sacrifices. Lorsque je voulais voir mes deux petites filles bien conciliantes l'une pour l'autre, au lieu de promettre des jouets et des bonbons à celle qui céderait à sa sœur, je leur parlais des récompenses éternelles que le petit Jésus donnerait dans le Ciel aux petits enfants sages ; l'aînée, dont la raison commençait à se développer, me regardait avec des yeux brillants de joie, me faisait mille questions charmantes sur le petit Jésus et son beau Ciel et me promettait avec enthousiasme de toujours céder à sa sœur ; elle disait que jamais de sa vie elle n'oublierait ce que lui avait dit " la grande demoiselle, " car c'est ainsi qu'elle m'appelait... En voyant de près ces âmes innocentes, j'ai compris quel malheur c'était de ne pas bien les former dès leur éveil, alors qu'elles ressemblent à une cire molle sur laquelle on peut déposer l'empreinte des vertus mais aussi celle du mal... j'ai compris ce qu'a dit Jésus en l'Évangile : " Qu'il vaudrait mieux être jeté à la mer que de scandaliser un seul de ces petits enfants. " (NHA 532) (Mt 18,6)

Ah ! que d'âmes arriveraient à la sainteté, si elles étaient bien dirigées !... Je le sais, le Bon Dieu n'a besoin de personne pour faire son œuvre, mais de même qu'Il permet à un habile jardinier d'élever des plantes rares et délicates et qu'il lui donne pour cela la science nécessaire, se réservant pour Lui-même le soin de féconder, ainsi Jésus veut être aidé dans sa Divine culture des âmes. Qu'arriverait-il si un jardinier maladroit ne greffait pas bien ses arbustes ? s'il ne savait pas reconnaître la nature de chacun et voulait faire éclore des roses sur un pêcher ?... Il ferait mourir l'arbre qui cependant était bon et capable de produire des fruits. C'est ainsi qu'il faut savoir reconnaître dès l'enfance ce que le Bon Dieu demande aux âmes et seconder l'action de sa grâce, sans jamais la devancer ni la ralentir. Comme les petits oiseaux apprennent à chanter en écoutant leurs parents, de même les enfants apprennent la science des vertus, le chant sublime de l'Amour Divin, auprès des âmes chargées de les former à la vie. Je me souviens que parmi mes oiseaux, j'avais un serin qui chantait à ravir, j'avais aussi un petit linot auquel je prodiguais mes soins " maternels, " l'ayant adopté avant qu'il ait pu jouir du bonheur de sa liberté. Ce pauvre petit prisonnier n'avait pas de parents pour lui apprendre chanter, mais entendant du matin au soir son compagnon le serin faire de joyeuses roulades, il voulut l'imiter... Cette entreprise était difficile pour un linot, aussi sa douce voix eut-elle bien de la peine à s'accorder avec la voix vibrante de son maître en musique. C'était charmant de voir les efforts du pauvre petit, mais ils furent enfin couronnés de succès, car son chant tout en conservant une bien plus grande douceur fut absolument le même que celui du serin.

O ma Mère chérie ! c'est vous qui m'avez appris à chanter... c'est votre voix qui m'a charmée dès l'enfance, et maintenant j'ai la consolation d'entendre dire que je vous ressemble !... Je sais combien j'en suis encore loin, mais j'espère malgré ma faiblesse redire éternellement le même cantique que vous ! Avant mon entrée au Carmel, je fis encore bien des expériences sur la vie et les misères du monde, mais ces détails m'entraîneraient trop loin, je vais reprendre le récit de ma vocation. Le 31 octobre fut le jour fixé pour mon voyage à Bayeux. Je partis seule avec Papa, le cœur rempli d'espérance, mais aussi bien émue par la pensée de me présenter à l'évêché. Pour la première fois de ma vie, je devais aller faire une visite sans être accompagnée de mes sœurs et cette visite était à un évêque ! (NHA 533) Moi qui n'avais jamais besoin de parler que pour répondre aux questions que l'on m'adressait, je devais expliquer moi-même le but de ma visite, développer les raisons qui me faisaient solliciter l'entrée au Carmel, en un mot je devais montrer la solidité de ma vocation. Ah ! qu'il m'en a coûté de faire ce voyage ! Il a fallu qui le Bon Dieu m'accorde une grâce toute spéciale pour que j'aie pu surmonter ma grande timidité... Il est aussi bien vrai que " Jamais l'Amour ne trouve

d'impossibilités, parce qu'il se croit tout possible et tout permis. "
(NHA 534) C'était vraiment le seul amour de Jésus qui pouvait me faire
surmonter ces difficultés et celles qui suivirent car il se plut à me faire
acheter ma vocation par de bien grandes épreuves... Aujourd'hui que
je jouis de la solitude du Carmel (me reposant à l'ombre de Celui que
j'ai si ardemment désiré) (NHA 535) (CT 2,3) je trouve avoir acheté
mon bonheur à bien peu de frais et je serais prête à supporter de bien
plus grandes peines pour l'acquérir si je ne l'avais pas encore ! Il
pleuvait à verse quand nous arrivâmes à Bayeux, Papa qui ne voulait
pas voir sa petite reine entrer à l'évêché avec sa belle toilette toute
trempée la fit monter dans un omnibus et conduire à la cathédrale. Là
commencèrent mes misères, Monseigneur et tout son clergé assistaient
à un grand enterrement. L'église était remplie de dames en deuil et
j'étais regardée de tout le monde avec ma robe claire et mon chapeau
blanc, j'aurais voulu sortir de l'église mais il ne fallait pas y penser, à
cause de la pluie, et pour m'humilier encore davantage le Bon Dieu
permit que Papa avec sa simplicité patriarcale me fît monter jusqu'au
haut de la cathédrale ; ne voulant pas lui faire de peine je m'exécutai
de bonne grâce et procurai cette distraction aux bons habitants de
Bayeux que j'aurais souhaité n'avoir jamais connus... Enfin je pus
respirer à mon aise dans une chapelle qui se trouvait derrière le
maître-autel et j'y restai longtemps, priant avec ferveur en attendant
que la pluie cessât et nous permit de sortir. En redescendant, Papa me
fit admirer la beauté de l'édifice qui paraissait beaucoup plus grand
étant désert, mais une seule pensée m'occupait et je ne pouvais
prendre de plaisir à rien. Nous allâmes directement chez Monsieur
Révérony (NHA 536) qui était instruit de notre arrivée ayant lui-même
fixé le jour du voyage, mais il était absent ; il nous fallut donc errer
dans les rues qui me parurent bien tristes ; enfin nous revînmes près
de l'évêché et Papa me fit entrer dans un bel hôtel où je ne fis pas
honneur à l'habile cuisinier. Ce pauvre petit Père était d'une tendresse
pour moi presque incroyable, il me disait de ne pas me faire de
chagrin, que bien sûr Monseigneur allait m'accorder ma demande.
Après nous être reposés, nous retournâmes chez Monsieur Révérony ;
un monsieur arriva en même temps, mais le grand vicaire lui demanda
poliment d'attendre et nous fit entrer les premiers dans son cabinet (le
pauvre monsieur eut le temps de s'ennuyer car la visite fut longue).
Monsieur Révérony se montra très aimable, mais je crois que le motif
de notre voyage l'étonna beaucoup ; après m'avoir regardée en
souriant et adressé quelques questions, il nous dit : " Je vais vous
présenter à Monseigneur, voulez-vous avoir la bonté de me suivre. "

Voyant des larmes perler dans mes yeux il ajouta : " Ah ! je vois des diamants... il ne faut pas les montrer à Monseigneur !... " Il nous fit traverser plusieurs pièces très vastes, garnies de portraits d'évêques ; en me voyant dans ces grands salons, je me faisais l'effet d'une pauvre petite fourmi et je me demandais ce que j'allais oser dire à Monseigneur ; il se promenait entre deux prêtres sur une galerie, je vis Monsieur Révérony lui dire quelques mots et revenir avec lui, nous l'attendions dans son cabinet ; là, trois énormes fauteuils étaient placés devant la cheminée où pétillait un feu ardent. En voyant entrer sa Grandeur, Papa se mit à genoux à côté de moi pour recevoir sa bénédiction, puis Monseigneur fit placer Papa dans un des fauteuils, se mit en face de lui et Monsieur Révérony voulut me faire prendre celui du milieu ; je refusai poliment, mais il insista, me disant de montrer si j'étais capable d'obéir, aussitôt je m'assis sans faire de réflexion et j'eus la confusion de le voir prendre une chaise pendant que j'étais enfoncée dans un fauteuil où quatre comme moi auraient été à l'aise (plus à l'aise que moi, car j'étais loin d'y être !...) J'espérais que Papa allait parler mais il me dit d'expliquer moi-même à Monseigneur le but de notre visite ; je le fis le plus éloquemment possible, sa Grandeur habituée à l'éloquence ne parut pas très touchée de mes raisons, au lieu d'elles un mot de Monsieur le Supérieur m'eût plus servi, malheureusement je n'en avais pas et son opposition ne plaidait aucunement en ma faveur... Monseigneur me demanda s'il y avait longtemps que je désirais entrer au carmel : " Oh oui ! Monseigneur, bien longtemps... " " Voyons, reprit en riant Mr Révérony, vous ne pouvez toujours pas dire qu'il y a quinze ans que vous avez ce désir. " " C'est vrai, repris-je en souriant aussi, mais il n'y a pas beaucoup d'années à retrancher car j'ai désiré me faire religieuse dès l'éveil de ma raison et j'ai désiré le carmel aussitôt que je l'ai bien connu, parce que dans cet ordre je trouvais que toutes les aspirations de mon âme seraient remplies. " Je ne sais pas, ma Mère, si ce sont tout à fait mes paroles, je crois que c'était encore plus mal tourné, mais enfin c'est le sens. Monseigneur croyant être agréable à Papa essaya de me faire rester encore quelques années auprès de lui, aussi ne fut-il pas peu surpris et édifié de le voir prendre mon parti, intercédant pour que j'obtienne la permission de m'envoler à quinze ans. Cependant tout fut inutile, il dit qu'avant de se décider un entretien avec le Supérieur du Carmel était indispensable. Je ne pouvais rien entendre qui me fît plus de peine, car je connaissais l'opposition formelle de notre Père, aussi sans tenir compte de la recommandation de Monsieur Révérony je fis plus que montrer des diamants à Monseigneur, je lui en donnai !... Je vis bien qu'il était touché ; me prenant par le cou, il appuyait ma tête sur son épaule et me faisait des caresses, comme jamais, paraît-il, personne n'en avait reçu de lui. Il me dit que tout n'était pas perdu, qu'il était bien content que je fasse le voyage de Rome afin d'affermir ma vocation et qu'au lieu de pleurer je devais me réjouir ; il ajouta que la semaine suivante, devant aller à Lisieux, il parlerait de noi à Monsieur le curé de Saint Jacques et que certainement je recevrais sa réponse en Italie. Je compris qu'il était inutile de faire de nouvelles instances, d'ailleurs je n'avais plus rien à dire ayant épuisé toutes les ressources de mon éloquence. Monseigneur nous reconduisit jusqu'au jardin. Papa l'amusa beaucoup en lui disant qu'afin de paraître plus âgée, je m'étais fait relever les cheveux. (Ceci ne fut pas perdu car Monseigneur ne parle pas de " sa petite fille " sans raconter l'histoire des cheveux...) Monsieur Révérony voulut nous accompagner jusqu'au bout du jardin de l'évêché, il dit à Papa que jamais chose pareille ne s'était vue : " Un père aussi empressé de donner son enfant au Bon Dieu que cette enfant de s'offrir elle-même ! " Papa lui demanda plusieurs explications sur le pèlerinage, entre autres comment il fallait s'habiller pour paraître devant le St Père. Je le vois encore se tourner devant Monsieur Révérony en lui disant : " Suis-je assez bien comme cela ? " Il avait aussi dit à Monseigneur que s'il ne me permettait pas d'entrer au Carmel je demanderais cette grâce au Souverain Pontife. Il était bien simple dans ses paroles et ses manières mon Roi chéri, mais il était si beau... il avait une distinction toute naturelle qui dut plaire beaucoup à Monseigneur habitué à se voir entouré de personnages connaissant toutes les règles de l'étiquette des salons mais pas le Roi de France et de Navarre en personne avec sa petite reine... Quand je fus dans la rue mes larmes recommencèrent à couler, non pas tant à cause de mon chagrin, qu'en voyant mon petit Père chéri qui venait de faire un voyage inutile... Lui qui se faisait une fête d'envoyer une dépêche au Carmel, annonçant l'heureuse réponse de Monseigneur, était obligé de revenir sans en avoir aucune... Ah ! que j'avais de peine !... Il me semblait que mon avenir était brisé pour jamais ; plus j'approchais du terme, plus je voyais mes affaires s'embrouiller. Mon âme était plongée dans l'amertume, mais aussi dans la paix car je ne cherchais que la volonté du Bon Dieu. Aussitôt en arrivant à Lisieux, j'allai chercher de la consolation au Carmel et j'en trouvai près de vous, ma Mère chérie. Oh non ! jamais je n'oublierai tout ce que vous avez souffert à cause de moi. Si je ne craignais de les profaner en m'en servant, je pourrais dire les paroles que Jésus adressait à ses apôtres, le soir de sa Passion : " C'est vous qui avez été toujours avec moi dans toutes mes épreuves... " (NHA 537) (Lc 22,28) Mes bien-aimées sœurs m'offrirent aussi de bien douces consolations... Trois jours après le voyage de Bayeux, je devais en faire un beaucoup plus long, celui de la ville éternelle... (NHA 601) Ab ! quel voyage que celui-là !... Lui seul m'a plus instruite que de longues années d'études, il m'a montré la vanité de tout ce qui passe et que tout est affliction d'esprit sous le soleil... (NHA 602) (Qo 2,11) Cependant j'ai vu de bien belles choses, j'ai contemplé toutes les merveilles de l'art et de la religion, surtout j'ai foulé la même terre que les Saints Apôtres, la terre arrosée du sang des Martyrs et mon âme s'est agrandie au contact des choses saintes... Je suis bien heureuse d'avoir été à Rome, mais je comprends les personnes du monde qui pensèrent que Papa m'avait fait faire ce grand voyage afin de changer mes idées de vie religieuse ; il y avait en effet de quoi ébranler une vocation peu affermie. N'ayant jamais vécu parmi le grand monde, Céline et moi, nous nous trouvâmes au milieu de la noblesse qui composait presque exclusivement le pèlerinage. Ah ! bien loin de nous éblouir, tous ces titres et ces " de " ne nous parurent qu'une fumée... De loin cela m'avait quelquefois jeté un peu de poudre aux yeux, mais de près, j'ai vu que " tout ce qui brille n'est pas or " et j'ai compris cette parole de l'Imitation : " Ne poursuivez pas cette ombre qu'on appelle un grand nom, ne désirez ni de nombreuses liaisons ni l'amitié particulière d'aucun homme. " (NHA 603) J'ai compris que la vraie grandeur se trouve dans l'âme et pas dans le nom, puisque, comme le dit Isaïe : " Le Seigneur donnera un AUTRE NOM à ses élus. " (Is 65,15) (NHA 604) et St Jean dit aussi : " Que le vainqueur recevra un NOM NOUVEAU que nul ne connaît que celui qui le reçoit. " (Ap 2,17) (NHA 605) C'est donc au ciel que nous saurons quels sont nos titres de noblesse. Alors chacun recevra de Dieu la louange qu'il mérite (1Co 4,3) (NHA 606) et celui qui sur la terre aura voulu être le plus pauvre, le plus oublié pour l'amour de Jésus, celui-là sera le premier, le plus noble et le plus riche !... La seconde expérience que j'ai faite regarde les prêtres. N'ayant jamais vécu dans leur intimité, je ne pouvais comprendre le but principal de la réforme du Carmel. Prier pour les pécheurs me ravissait, mais prier pour les âmes des prêtres, que je croyais plus pures que le cristal, me semblait étonnant !... Ah ! j'ai compris ma vocation en Italie, ce n'était pas aller chercher trop loin une si utile connaissance... Penchant un mois j'ai vécu avec beaucoup de saints prêtres et j'ai vu que, si leur sublime dignité les élève au-dessus des anges, ils n'en sont pas moins des hommes faibles et fragiles... Si de saints prêtres que Jésus appelle dans son Évangile : " Le sel de la terre " montrent dans leur conduite qu'ils ont un extrême besoin de prières, que faut-il dire de ceux qui sont tièdes ? Jésus n'a-t-Il pas dit encore : " Si le sel vient à s'affadir avec quoi l'assaisonnera-t-on ? " (NHA 607) O ma Mère ! qu'elle est belle la vocation ayant pour but de conserver le sel destiné aux âmes ! Cette vocation est celle du Carmel, puisque l'unique fin de nos prières et de nos sacrifices est d'être l'apôtre des apôtres, (Mt 5,13) priant pour eux pendant qu'ils évangélisent les âmes par leurs paroles et surtout par leurs exemples... Il faut que je m'arrête, si je continuais de parler sur ce sujet, je ne finirais pas !... Je vais, ma Mère chérie, vous raconter mon voyage avec quelques détails ; pardonnez-moi si je vous en donne trop, je ne réfléchis pas avant d'écrire, et je le fais en tant de fois différentes, à cause de mon peu de temps libre, que mon récit vous paraîtra peut-être ennuyeux... Ce qui me console c'est de penser qu'au Ciel je vous reparlerai des grâces que j'ai reçues et que je pourrai le faire alors en termes agréables et charmants... Plus rien ne viendra interrompre nos épanchements intimes et dans un seul regard, vous aurez tout compris... Hélas, puisqu'il me faut encore employer le langage de la triste terre, je vais essayer de le faire avec la simplicité d'un petit enfant qui connaît l'amour de sa Mère... Ce fut le 7 novembre que le pèlerinage partit de Paris, mais Papa nous conduisit dans cette ville quelques jours avant pour nous la faire visiter. Un matin à trois heures, je traversai la ville de Lisieux encore endormie ; bien des impressions passèrent dans mon âme à ce moment. Je sentais que j'allais vers l'inconnu et que de grandes choses m'attendaient là-bas... Papa était joyeux ; lorsque le train se mit en marche, il chanta ce vieux refrain : " Roule, roule ma diligence, nous voilà sur le grand chemin. " Arrivés à Paris dans la matinée, nous commençâmes aussitôt à le visiter. Ce pauvre petit Père se fatigua beaucoup afin de nous faire plaisir, aussi nous eûmes bientôt vu toutes les merveilles de la capitale. Pour moi je n'en trouvai qu'une seule qui me ravit, cette merveille fut : " Notre-Dame des Victoires " Ah ! ce que j'ai senti à ses pieds, je ne pourrais le dire... Les grâces qu'elle m'accorda m'émurent si profondément que mes larmes seules traduisirent mon bonheur, comme au jour de ma première communion... La Sainte Vierge m'a fait sentir que c'était vraiment elle qui m'avait souri et qui m'avait guérie. J'ai compris qu'elle veillait sur moi, que j'étais son enfant, aussi je ne pouvais plus lui donner que le nom de " Maman " car il me semblait encore plus tendre que celui de Mère... Avec quelle ferveur ne l'ai-je pas priée de me garder toujours et de réaliser bientôt mon rêve en me cachant à l'ombre de son manteau virginal !... Ah ! c'était là un de mes premiers désirs d'enfant... En grandissant, j'avais compris que c'était au Carmel qu'il me serait possible de trouver véritablement le manteau de la Sainte Vierge et c'était vers cette montagne fertile que tendaient mes désirs... Je suppliai encore Notre-Dame des Victoires d'éloigner de moi tout ce qui aurait pu ternir ma pureté ; je n'ignorais pas qu'en un voyage comme celui d'Italie, il se rencontrerait bien des choses capables de me troubler, surtout parce que ne connaissant pas le mal je craignais de le découvrir, n'ayant pas expérimenté que tout est pur pour les purs (NHA 609) (Tt 1,15) et que l'âme simple et droite ne voit de mal à rien, puisqu'en effet le mal n'existe que dans les cœurs impurs et non dans les objets insensibles... Je priai aussi Saint Joseph de veiller sur moi ; depuis mon enfance j'avais pour lui une dévotion qui se confondait avec mon amour pour la Sainte Vierge. Chaque jour je récitais la prière : " O Saint Joseph, père et protecteur des vierges " aussi ce fut sans crainte que j'entrepris mon lointain voyage, j'étais si bien protégée qu'il me semblait impossible d'avoir peur. Après nous être consacrées au Sacré cœur dans la basilique de Montmartre nous partîmes de Paris le lundi 7 dès le matin ; (NHA 610) bientôt nous eûmes fait connaissance avec les personnes du pèlerinage. Moi si timide qu'ordinairement j'osais à peine parler, je me trouvai complètement débarrassée de ce gênant défaut ; à ma grande surprise je parlais librement avec toutes les grandes dames, les prêtres et même Monseigneur de Coutances. Il me semblait avoir toujours vécu dans ce monde. Nous étions, je crois, bien aimées de tout le monde et Papa semblait fier de ses deux filles ; (NHA 611) mais s'il était fier de nous, nous l'étions également de lui, car il n'y avait pas dans tout le pèlerinage un monsieur plus beau ni plus distingué que mon Roi chéri ; il aimait à se voir entouré de Céline et de moi, souvent lorsque nous n'étions pas en voiture et que je n'éloignais de lui, il m'appelait afin que je lui donne le bras comme à Lisieux... Monsieur l'abbé Révérony examinait soigneusement toutes nos actions, je le voyais souvent de loin qui nous regardait ; à table lorsque je n'étais pas en face de lui, il trouvait moyen de se pencher pour me voir et entendre ce que je disais. Sans doute il voulait me connaître pour savoir si vraiment j'étais capable d'être carmélite ; je pense qu'il a dû être satisfait de son examen car à la fin du voyage il parut bien disposé pour moi, mais à Rome il a été loin de m'être favorable comme je vais le dire plus loin. Avant d'arriver à cette " ville éternelle, " but de notre pèlerinage, il nous fut donné de contempler bien des merveilles. D'abord ce fut la Suisse avec ses montagnes dont le sommet se perd dans les nuages, ses cascades gracieuses jaillissant de mille manières différentes, ses vallées profondes remplies de fougères gigantesques et de bruyères roses. Ah ! ma Mère chérie, que ces beautés de la nature répandues à profusion ont fait de bien à mon âme ! Comme elles l'ont élevée vers Celui qui s'est plu à jeter de pareils chefs-d'œuvre sur une terre d'exil qui ne doit durer qu'un jour... Je n'avais pas assez d'yeux pour regarder. Debout à la portière je perdais presque la respiration ; j'aurais voulu être des deux côtés du wagon car en me détournant, je voyais des paysages d'un aspect enchanteur et tout différents de ceux qui s'étendaient devant moi. Parfois nous nous trouvions au sommet d'une montagne, à nos pieds des précipices dont le regard ne pouvait sonder la profondeur semblaient prêts à nous engloutir... ou bien c'était un ravissant petit village avec ses gracieux chalets et son clocher, au-dessus duquel se balançaient mollement quelques nuages éclatants de blancheur... Plus loin c'était un vaste lac que doraient les derniers rayons du soleil ; les flots calmes et purs empruntant la teinte azurée du Ciel qui se mêlait aux feux du couchant, présentaient à nos regards émerveillés le spectacle le plus poétique et le plus enchanteur qui se puisse voir... Au fond du vaste horizon on apercevait les montagnes dont les contours indécis auraient échappé à nos yeux si leurs sommets neigeux que le soleil rendait éblouissants n'étaient venus ajouter un charme de plus au beau lac qui nous ravissait... En regardant toutes ces beautés, il naissait en mon âme des pensées bien profondes. Il me semblait comprendre déjà la grandeur de Dieu et les merveilles du Ciel... La vie religieuse m'apparaissait telle qu'elle est avec ses assujettissements, ses petits sacrifices accomplis dans l'ombre. Je comprenais combien il est facile de se replier sur soi-même, d'oublier le but sublime de sa vocation et je me disais : plus tard, à l'heure de l'épreuve, lorsque prisonnière au Carmel, je ne pourrai contempler qu'un petit coin du Ciel étoilé, je me souviendrai de ce que je vois aujourd'hui ; cette pensée me donnera du courage, j'oublierai facilement mes pauvres petits intérêts en voyant la grandeur et la puissance du Dieu que je veux aimer uniquement. Je n'aurai pas le malheur de m'attacher à des pailles, maintenant que " Mon cœur a PRESSENTI ce que Jésus réserve à ceux qui l'aiment !... " (NHA 612) (1Co 2,9) Après avoir admiré la puissance du Bon Dieu, je pus encore admirer celle qu'Il a donnée à ses créatures. La première ville d'Italie que nous avons visitée fut Milan. Sa cathédrale toute en marbre blanc, avec ses statues assez nombreuses pour former un peuple presque innombrable, fut visitée par nous dans ses plus petits détails. Céline et moi nous étions intrépides, toujours les premières et suivant immédiatement Monseigneur ; afin de tout voir en ce qui concernait les reliques des Saints et bien entendre les explications ; ainsi pendant qu'il offrait le Saint Sacrifice sur le tombeau de Saint Charles, nous étions avec papa derrière l'Autel, la tête appuyée sur la châsse qui renferme le corps du saint, revêtu de ses habits pontificaux. C'était ainsi partout... (Excepté lorsqu'il s'agissait de monter là où la dignité d'un Évêque ne le permettait pas car alors nous savions bien quitter sa Grandeur)... Laissant les dames timides se cacher la figure dans les mains après avoir gravi les premiers clochetons qui couronnent la cathédrale, nous suivions les pèlerins les plus hardis et arrivions jusqu'au sommet du dernier clocher de marbre, d'où nous avions le plaisir de voir à nos pieds la ville de Milan dont les nombreux habitants ressemblaient à une petite fourmilière... Descendues de notre piédestal, nous commençâmes nos promenades en voiture qui devaient durer un mois, et me rassasier pour toujours de mon désir de rouler sans fatigue ! Le campo santo nous ravit encore plus que la cathédrale, toutes ses statues de marbre blanc qu'un ciseau de génie semble avoir animées, sont placées sur le vaste champ des morts avec une sorte de négligence, ce qui pour moi augmente leur charme... On serait tenté de consoler les idéals personnages qui vous entourent. Leur expression est si vraie, leur douleur si calme et si résignée qu'on ne peut s'empêcher de reconnaître les pensées d'immortalité qui doivent remplir le cœur des artistes exécutant ces chefs-d'œuvre. Ici c'est une enfant jetant des fleurs sur la tombe de ses parents, le marbre semble avoir perdu sa pesanteur et les pétales délicats semblent glisser entre les doigts de l'enfant, le vent paraît déjà les disperser, il paraît aussi faire flotter le voile léger des veuves et les rubans dont sont ornés les cheveux des jeunes filles. Papa était aussi ravi que nous ; en Suisse il avait été fatigué mais alors, sa gaîté ayant reparu, il jouissait du beau spectacle que nous contemplions ; son âme d'artiste se révélait dans les expressions de foi et d'admiration qui paraissaient sur son beau visage. Un vieux monsieur (français) qui sans doute n'avait pas l'âme aussi poétique, nous regardait du coin de l'œil et disait avec mauvaise humeur, tout en ayant l'air de regretter ne pas pouvoir partager notre admiration : " Ah ! que les Français sont donc enthousiastes ! " Je crois que ce pauvre monsieur aurait mieux fait de rester chez lui, car il ne m'a pas paru être content de son voyage, il se trouvait souvent près de nous et toujours des plaintes sortaient de sa bouche, il était mécontent des voitures, des hôtels, des personnes, des villes, enfin de tout... Papa avec sa grandeur d'âme habituelle essayait de le consoler, lui offrait sa place, etc. et il se trouvait toujours bien partout, étant d'un caractère directement opposé à celui de son désobligeant voisin... Ah ! que nous avons vu de personnages différents, quelle intéressante étude que celle du monde quand on est près de le quitter !... A Venise, la scène changea complètement ; au lieu du bruit des grandes villes on n'entend au milieu du silence que les cris des gondoliers et le murmure de l'onde agitée par les rames. Venise n'est pas sans charmes, mais je trouve cette ville triste. Le palais des doges est splendide, cependant il est triste lui aussi avec ses vastes appartements où s'étalent l'or, le bois, les marbres les plus précieux et les peintures des plus grands maîtres. Depuis longtemps ses voûtes sonores ont cessé d'entendre la voix des gouverneurs qui prononçaient des arrêts de vie et de mort dans les salles que nous avons traversées... Ils ont cessé de souffrir, les malheureux prisonniers renfermés par les doges dans les cachots et les oubliettes souterraines... En visitant ces affreuses prisons je me croyais au temps des martyrs et j'aurais voulu pouvoir y rester afin de les imiter !... Mais il fallut promptement en sortir et passer sur le pont " des soupirs ", ainsi appelé à cause des soupirs de soulagement que poussaient les condamnés en se voyant délivrés de l'horreur des souterrains auxquels ils préféraient la mort... Après Venise, nous sommes allés à Padoue, où nous avons vénéré la langue de Saint Antoine puis à Bologne où nous avons vu Sainte Catherine qui garde l'empreinte du baiser de l'Enfant Jésus. Il est bien des détails intéressants que je pourrais donner sur chaque ville et sur les mille petites circonstances particulières de notre voyage mais je n'en finirais pas, aussi je ne vais écrire que les détails principaux. Ce fut avec joie que je quittai Bologne, cette ville m'était devenue insupportable par les étudiants dont elle est remplie et qui formaient une haie quand nous avions le malheur de sortir à pied, et surtout à cause de la petite aventure qui m'est arrivée avec l'un d'eux, (NHA 613) je fus heureuse de prendre la route de Lorette. Je ne suis pas surprise que la Ste Vierge ait choisi cet endroit pour y transporter sa maison bénie, la paix, la joie, la pauvreté y règnent en souveraines ; tout est simple et primitif, les femmes ont conservé leur gracieux costume italien et n'ont pas, comme celles des autres villes, adopté la mode de Paris ; enfin Lorette m'a charmée ! Que dirai-je de la sainte maison ? Ah ! mon émotion a été profonde en me trouvant sous le même toit que la Sainte Famille, en contemplant les murs sur lesquels Jésus avait fixé ses yeux divins, en foulant la terre que Saint Joseph avait arrosée de sueurs, où Marie avait porté Jésus entre ses bras, après l'avoir porté dans son sein virginal... J'ai vu la petite chambre où l'ange descendit auprès de la Sainte Vierge... J'ai déposé mon chapelet dans la petite écuelle de l'Enfant Jésus... Que ces souvenirs sont ravissants !...

Mais notre plus grande consolation fut de recevoir Jésus Lui-même dans sa maison et d'être son temple vivant (1Co 3,16) au lieu même qu'il avait honoré de sa présence. Suivant un usage d'Italie, le Saint ciboire ne se conserve dans chaque église que sur un autel, et là seulement on peut recevoir la Sainte communion ; cet autel était dans la basilique même où se trouve la Sainte maison, renfermée comme un diamant précieux dans un écrin de marbre blanc. Cela ne fit pas notre bonheur ! C'était dans le diamant lui-même et non pas dans l'écrin que nous voulions faire la communion... Papa avec sa douceur ordinaire fit comme tout le monde, mais Céline et moi allâmes trouver un prêtre qui nous accompagnait partout et qui justement se préparait à célébrer sa messe dans la Santa-Casa, par un privilège spécial. Il demanda deux petites hosties qu'il plaça sur sa patène avec sa grande hostie et vous comprenez, ma Mère chérie, quel fut notre ravissement de faire toutes les deux la Sainte communion dans cette maison bénie !... C'était un bonheur tout céleste que les paroles sont impuissantes à traduire. Que sera-ce donc quand nous recevrons la communion dans l'éternelle demeure du Roi des Cieux ? Alors nous ne verrons plus finir notre joie, il n'y aura plus la tristesse du départ et pour emporter un souvenir il ne nous sera pas nécessaire de gratter furtivement les murs sanctifiés par la présence Divine, puisque sa maison sera la nôtre pour l'éternité... Il ne veut pas nous donner celle de la terre, il se contente de nous la montrer pour nous faire aimer la pauvreté et la vie cachée ; celle qu'il nous réserve est son Palais de gloire où nous ne le verrons plus caché sous l'apparence d'un enfant ou d'une blanche hostie mais tel qu'Il est, dans l'éclat de sa splendeur infinie !... (1Jn 3,2) C'est maintenant de Rome qu'il me reste à parler, de Rome but de notre voyage, là où je croyais rencontrer la consolation mais où je trouvai la croix... A notre arrivée, il faisait nuit et nous étant endormies nous fûmes réveillées par les employés de la gare qui criaient : " Roma, Roma. " Ce n'était pas un rêve, j'étais à Rome !... (NHA 614) La première journée se passa hors les murs et ce fut peut-être la plus délicieuse, car tous les monuments ont conservé leur cachet d'antiquité au lieu qu'au centre de Rome l'on pourrait se croire à Paris en voyant la magnificence des hôtels et des magasins. Cette promenade dans les campagnes romaines m'a laissé un bien doux souvenir. Je ne parlerai point des lieux que nous avons visités, il y a assez de livres qui les décrivent dans toute leur étendue, mais seulement des principales impressions que j'ai ressenties. Une des plus douces fut celle qui me fit tressaillir à la vue du Colisée. Je la voyais donc enfin cette arène où tant de martyrs avaient versé leur sang pour Jésus ; déjà je m'apprêtais à baiser la terre qu'ils avaient sanctifiée, mais quelle déception ! le centre n'est qu'un amas de décombres que les pèlerins doivent se contenter de regarder car une barrière en défend l'entrée, d'ailleurs personne n'est tenté d'essayer de pénétrer au milieu de ces ruines... Fallait-il être venue à Rome sans descendre au Colisée ?... Cela me paraissait impossible, je n'écoutais plus les explications du guide, une seule pensée m'occupait : descendre dans l'arène... voyant un ouvrier qui passait avec une échelle je fus sur le point de la lui demander, heureusement je ne mis pas mon idée à exécution car il m'aurait prise pour une folle... Il est dit dans l'Evangile que Madeleine restant toujours auprès du tombeau et se baissant à plusieurs reprises pour regarder à l'intérieur finit par voir deux anges (NHA 615) " Comme elle, tout en ayant reconnu l'impossibilité de voir mes désirs réalisés, je... (continuai de me baisser vers les ruines où je voulais descendre à la fin je ne vis pas d'anges, mais ce que je cherchais...) =(début du folio 61r pour citation.) (Jn 20,11-12) continuais de me baisser vers les ruines où je voulais descendre : la fin, je ne vis pas d'anges, mais ce que je cherchais, je poussai un cri de joie et dis à Céline : " Viens vite, nous allons pouvoir passer !... " Aussitôt nous franchissons la barrière que les décombres atteignaient en cet endroit et nous voilà escaladant les ruines qui croulaient sous nos pas. Papa nous regardait tout étonné de notre audace, bientôt il nous dit de revenir, mais les deux fugitives n'entendaient plus rien ; de même que les guerriers sentent leur courage augmenter au milieu du péril, ainsi notre joie grandissait en proportion de la peine que nous avions pour atteindre l'objet de nos désirs. Céline, plus prévoyante que moi, avait écouté le guide et se rappelant qu'il venait de signaler un certain petit pavé croisé, comme étant celui où combattaient les martyrs, se mit à le chercher ; bientôt, l'ayant trouvé et nous étant agenouillées sur cette terre sacrée, nos âmes se confondirent en une même prière... Mon cœur battait bien fort lorsque mes lèvres s'approchèrent de la poussière empourprée du sang des premiers chrétiens, je demandai la grâce d'être aussi martyre pour Jésus et je sentis au fond du cœur que ma prière était exaucée !... Tout ceci fut accompli en très peu de temps ; après avoir pris quelques pierres, nous revînmes vers les murs en ruine pour recommencer notre périlleuse entreprise. Papa nous voyant si heureuses ne put pas nous gronder et je vis bien qu'il était fier de notre courage... Le Bon Dieu nous protégea visiblement, car les pèlerins ne s'aperçurent pas de notre absence étant plus loin que nous, occupés à regarder sans doute les magnifiques arcades, où le guide faisait remarquer " les petits

CORNICHONS et les CUPIDES posés dessus ", aussi ni lui, ni " messieurs les abbés " ne connurent la joie qui remplissait nos cœurs... Les catacombes m'ont aussi laissé une bien douce impression : elles sont telles que je me les étais figurées en lisant leur description dans la vie des martyrs. Après y avoir passé une partie de l'après-midi, il me semblait y être seulement depuis quelques instants, tant l'atmosphère qu'on y respire me paraissait embaumée... Il fallait bien remporter quelque souvenir des catacombes, aussi ayant laissé la procession s'éloigner un peu, Céline et Thérèse se coulèrent ensemble jusqu'au fond de l'ancien tombeau de Sainte Cécile et prirent de la terre sanctifiée par sa présence. Avant mon voyage de Rome je n'avais pour cette sainte aucune dévotion particulière, mais en visitant sa maison changée en église, le lieu de son martyre, en apprenant qu'elle avait été proclamée reine de l'harmonie, non pas à cause de sa belle voix ni de son talent pour la musique, mais en mémoire du chant virginal qu'elle fit entendre à son Époux Céleste caché au fond de son cœur, je sentis pour elle plus que de la dévotion : une véritable tendresse d'amie... Elle devint ma sainte de prédilection, ma confidente intime... Tout en elle me ravit, surtout son abandon, sa confiance illimitée qui l'ont rendue capable de virginiser des âmes n'ayant jamais désiré d'autres joies que celles de la vie présente... Sainte Cécile est semblable à l'épouse des cantiques, en elle je vois " Un chœur dans un camp d'armée !... " (NHA 616) Sa vie n'a pas été autre chose qu'un chant mélodieux au milieu même des plus grandes épreuves (Ct 7,1) et cela ne m'étonne pas, puisque " l'Évangile sacré reposait dans son cœur ! " (NHA 617) et que dans son cœur reposait l'Époux des Vierges !... La visite à l'église Sainte Agnès me fut aussi bien douce, c'était une amie d'enfance que j'allais visiter chez elle, je lui parlai longuement de celle qui porte si bien son nom et je fis tous mes efforts pour obtenir une des reliques de l'Angélique patronne de ma Mère chérie afin de la lui rapporter, mais il nous fut impossible d'en avoir d'autre qu'une petite pierre rouge qui se détacha d'une riche mosaïque dont l'origine remonte au temps de Ste Agnès et qu'elle a dû souvent regarder. N'était-ce pas charmant que l'aimable Sainte nous donnât elle-même ce que nous cherchions et qu'il nous était interdit de prendre ?... J'ai toujours regardé cela comme une délicatesse et une preuve de l'amour avec lequel la douce Ste Agnès regarde et protège ma Mère chérie !... Six jours se passèrent à visiter les principales merveilles de Rome et ce fut le septième que je vis la plus grande de toutes : " Léon XIII... " Ce jour, je le désirais et le redoutais en même temps, c'était de lui que ma vocation dépendait, car la réponse que je devais recevoir de

Monseigneur n'était pas arrivée et j'avais appris par une lettre de vous, Ma Mère, qu'il n'était plus très bien disposé pour moi, aussi mon unique planche de salut était la permission du Saint Père... mais pour l'obtenir, il fallait lui demander, Il fallait devant tout le monde oser parler ; " au Pape, " cette pensée me faisait trembler ; ce que j'ai souffert avant l'audience, le Bon Dieu seul le sait, avec ma chère Céline, Jamais je n'oublierai la part qu'elle a prise à toutes mes épreuves, il semblait que ma vocation était la sienne. (Notre amour mutuel était remarqué par les prêtres du pèlerinage : un soir, étant en société si nombreuse que les sièges manquaient, Céline me prit sur ses genoux et nous nous regardions si gentiment qu'un prêtre s'écria : " Comme elles s'aiment ! Ah ! jamais ces deux sœurs ne pourront se séparer ! " oui, nous nous aimions, mais notre affection était si pure et si forte que la pensée de la séparation ne nous troublait pas, car nous sentions que rien, même l'océan, ne pourrait nous éloigner l'une de l'autre... Céline voyait avec calme ma petite nacelle aborder au rivage du Carmel, elle se résignait à rester aussi longtemps que le Bon Dieu voudrait sur la mer orageuse du monde, sûre d'aborder à son tour sur la rive, objet de nos désirs...) Le dimanche 20 novembre après nous être habillées suivant le cérémonial du Vatican (c'est-à-dite en noir, avec une mantille de dentelle pour coiffure) et nous être décorées d'une large médaille de Léon XIII, suspendue à un ruban bleu et blanc, nous avons fait notre entrée au Vatican dans la chapelle du Souverain Pontife. A huit heures notre émotion fut profonde en le voyant entrer pour célébrer la Ste Messe... Après avoir béni les nombreux pèlerins réunis autour de lui, il gravit les degrés du St Autel et nous montra, par sa piété digne du Vicaire de Jésus, qu'il était véritablement " Le Saint Père. " Mon cœur battait bien fort et mes prières étaient bien ardentes pendant que Jésus descendait entre les mains de son Pontife ; cependant j'étais remplie de confiance, l'Évangile de ce jour renfermait ces ravissantes paroles : " Ne craignez pas, petit troupeau, car il a plu à mon Père de vous donner son royaume. " (NHA 618) (Lc 12,32) Non je ne craignais pas, j'espérais que le royaume du Carmel m'appartiendrait bientôt, Je ne pensais pas alors à ces autres paroles de Jésus : " Je vous prépare mon royaume comme mon Père me l'a préparé. " (NHA 619) (Lc 22,29) C'est-à-dire je vous réserve des croix et des épreuves, c'est ainsi que vous serez digne de posséder ce royaume après lequel vous soupirez ; puisqu'il a été nécessaire que le Christ souffrît et qu'il entrât par là dans sa gloire, (NHA 620) si vous désirez avoir place à ses côtés, buvez le calice qu'il a bu Lui-même ! (NHA 621) Ce calice, il me fut présenté par le Saint-Père et mes larmes se mêlèrent à l'amer breuvage qui m'était offert. (Lc 24,26 Mt 20,21-23) Après la messe d'action de grâces qui suivit celle de Sa Sainteté, l'audience commença. Léon XIII était assis sur un grand fauteuil, Il était vêtu simplement d'une soutane blanche, d'un camail de même couleur et n'avait sur la tête qu'une petite calotte. Autour de lui se tenaient des cardinaux, archevêques et évêques mais je ne les ai vus qu'en général, étant occupée du Saint-Père ; nous passions devant lui en procession, chaque pèlerin s'agenouillait à son tour, baisait le pied et la main de Léon XIII, recevait sa bénédiction et deux gardes-nobles le touchaient par cérémonie, lui indiquant par là de se lever (au pèlerin, car je m'explique si mal qu'on pourrait croire que c'était au Pape). Avant de pénétrer dans l'appartement pontifical j'étais bien résolue à parler, mais je sentis mon courage faiblir en voyant à la droite du St Père " Monsieur Révérony... " presque au même instant on nous dit de sa part qu'il défendait de parler à Léon XIII, l'audience se prolongeant trop longtemps... Je me tournai vers ma Céline chérie, afin de savoir son avis : " Parle ! " me dit-elle. Un instant après j'étais aux pieds du Saint-Père ; ayant baisé sa mule, il me présentait la main, mais au lieu de la baiser, je joignis les miennes et levant vers son visage mes yeux baignés de larmes, je m'écriai : " Très Saint-Père, j'ai une grande grâce à vous demander !... " Alors le Souverain Pontife baissa la tête vers moi, de manière que ma figure touchait presque la sienne, et je vis ses yeux noirs et profonds se fixer sur moi et sembler me pénétrer jusqu'au fond de l'âme. " Très Saint-Père, lui dis-je, en l'honneur de votre jubilé, permettez-moi d'entrer au Carmel à quinze ans !... " L'émotion avait sans doute fait trembler ma voix, aussi se retournant vers Monsieur Révérony qui me regardait avec étonnement et mécontentement, le St Père dit : " Je ne comprends pas très bien. " Si le Bon Dieu l'eût permis il eût été facile que Mr Révérony m'obtînt ce que je désirais, mais c'était la croix et non la consolation qu'Il voulait me donner. " Très Saint-Père, répondit le Grand Vicaire, c'est une enfant qui désire entrer au Carmel à quinze ans, mais les supérieurs examinent la question en ce moment. " " Eh bien, mon enfant, reprit le St Père en me regardant avec bonté, faites ce que les supérieurs vous diront. " M'appuyant alors les mains sur ses genoux, je tentai un dernier effort et je dis d'une voix suppliante : " Oh ! Très Saint-Père, si vous disiez oui, tout le monde voudrait bien !... " Il me regarda fixement et prononça ces mots en appuyant sur chaque syllabe : " Allons... Allons... Vous entrerez si le Bon Dieu le veut !... " (Son accent avait quelque chose de si pénétrant et de si convaincu qu'il me semble encore l'entendre). La bonté du St Père m'encourageant, je voulais encore parler mais les deux gardes-nobles me touchèrent les mains pour me faire lever ; voyant que cela ne suffisait pas, ils me prirent par les bras et Monsieur Révérony leur aida à me soulever, car je restais encore les mains jointes, appuyées sur les genoux de Léon XIII et ce fut de force qu'ils m'arrachèrent de ses pieds... au moment où j'étais ainsi enlevée, le St Père posa sa main sur mes lèvres, puis il la leva pour me bénir alors mes yeux se remplirent de larmes et Monsieur Révérony put contempler au moins autant de diamants qu'il en avait vus à Bayeux... Les deux gardes-nobles me portèrent pour ainsi dire jusqu'à la porte et là, un troisième me donna une médaille de Léon XIII. Céline qui me suivait, avait été témoin de la scène qui venait de se passer ; presque aussi émue que moi, elle eut cependant le courage de demander au St Père une bénédiction pour le Carmel. Mr Révérony d'une voix mécontente répondit : "Il est déjà béni le Carmel : "Le bon St Père reprit avec douceur : Oh Oui ! il est déjà béni." Avant nous Papa était venu aux pieds de Léon XIII (avec les messieurs) (NHA 622) Mr Révérony avait été charmant pour lui, le présentant comme le Père de deux Carmélites. Le Souverain Pontife, en signe de particulière bienveillance, posa sa main sur la tête vénérable de mon Roi chéri, semblant ainsi le marquer d'un sceau mystérieux, au nom de Celui dont il est le véritable représentant... Ah ! maintenant qu'il est au Ciel, ce Père de quatre Carmélites, ce n'est plus la main du Pontife qui repose sur son front, lui prophétisant le martyre... C'est la main de l'époux des Vierges, du Roi de Gloire, qui fait resplendir la tête de son Fidèle Serviteur, (Mt 25,21) et plus jamais cette main adorée ne cessera de reposer sur le front qu'elle a glorifié... Mon Papa chéri eut bien de la peine de me trouver tout en larmes au sortir de l'audience, il fit tout ce qu'il put pour me consoler, mais en vain... Au fond du cœur je sentais une grande paix, puisque j'avais fait absolument tout ce qui était en mon pouvoir de faire pour répondre à ce que le Bon Dieu demandait de moi, mais cette paix était au fond et l'amertume remplissait mon âme, car Jésus se taisait. Il semblait absent, rien ne me révélait sa présence... Ce jour-là encore le soleil n'osa pas briller et le beau ciel bleu d'Italie, chargé de nuages sombres, ne cessa de pleurer avec moi... Ah ! c'était fini, mon voyage n'avait plus aucun charme à mes yeux puisque le but en était manqué. Cependant les dernières paroles du Saint-Père auraient dû me consoler : n'étaient-elles pas en effet une véritable prophétie ? Malgré tous les obstacles, ce que le Bon Dieu a voulu s'est accompli. Il n'a pas permis aux créatures de faire ce qu'elles voulaient, mais sa volonté à Lui... Depuis quelque temps je m'étais offerte à l'Enfant Jésus pour être son petit jouet, je Lui avais dit de ne pas se servir de moi comme d'un jouet de prix que les enfants se contentent de regarder sans oser y toucher, mais comme d'une petite balle de nulle valeur qu'il pouvait jeter à terre, pousser du pied, percer, laisser dans un coin ou bien presser sur son cœur si cela Lui faisait plaisir ; en un mot, je voulais amuser le petit Jésus, lui faire plaisir, je voulais me livrer à ses caprices enfantins... Il avait exaucé ma prière... A Rome Jésus perça son petit jouet, il voulait voir ce qu'il y avait dedans et puis l'ayant vu, content de sa découverte, Il laissa tomber sa petite balle et s'endormit... Que fit-Il pendant son doux sommeil et que devint la petite balle abandonnée ?... Jésus rêva qu'il s'amusait encore avec son jouet, le laissant et le prenant tour à tour, et puis qu'après l'avoir fait rouler bien loin Il le pressait sur son cœur, ne permettant plus qu'il s'éloigne jamais de sa petite main... Vous comprenez, ma Mère chérie, combien la petite balle était triste de se voir par terre... Cependant je ne cessais d'espérer contre toute espérance. (NHA 623) (Rm 4,18) Quelques jours après l'audience du St Père, Papa étant allé voir le bon frère Siméon trouva chez lui Monsieur Révérony qui fut très aimable. Papa lui reprocha gaiement de ne m'avoir pas aidée dans ma difficile entreprise, puis il raconta l'histoire de sa Reine au frère Siméon. Le vénérable vieillard écouta son récit avec beaucoup d'intérêt, en prit même des notes et dit avec émotion : " On ne voit pas cela en Italie ! " Je crois que cette entrevue fit une très bonne impression à Monsieur Révérony ; dans la suite il ne cessa de me prouver qu'il était enfin convaincu de ma vocation. Au lendemain de la mémorable journée, il nous fallut partir dès le matin pour Naples et Pompéi. En notre honneur, le Vésuve fit du bruit toute la journée, laissant avec ses coups de canon échapper une épaisse colonne de fumée. Les traces qu'il a laissées sur les ruines de Pompéi sont effrayantes, elles montrent la puissance du Dieu : " Qui regarde la terre et la fait trembler, qui touche les montagnes et les réduit en fumée. " (NHA 624) (Ps 104,32) J'aurais aimé à me promener seule au milieu des ruines, à rêver sur la fragilité des choses humaines, mais le nombre des voyageurs enlevait une grande partie du charme mélancolique de la cité détruite... À Naples ce fut tout le contraire, le grand nombre de voitures à deux chevaux rendit magnifique notre promenade au monastère San Martino placé sur une haute colline dominant toute la ville, malheureusement les chevaux qui nous conduisaient prenaient à chaque instant le mors aux dents et plus d'une fois je me suis crue à ma dernière heure. Le cocher avait beau répéter constamment la parole magique des conducteurs italiens : " Appipau, appipau... " les pauvres chevaux voulaient renverser la voiture, enfin grâce au secours de nos anges gardiens, nous arrivâmes à notre magnifique hôtel. Pendant tout le cours de notre voyage, nous avons été logés dans des hôtels princiers, jamais je n'avais été entourée de tant de luxe, c'est bien le cas de dire que la richesse ne fait pas le bonheur, car j'aurais été plus heureuse sous un toit de chaume avec l'espérance du Carmel, qu'auprès des lambris dorés, des escaliers de marbre blanc, des tapis de soie, avec l'amertume dans le cœur... Ah ! je l'ai bien senti, la joie ne se trouve pas dans les objets qui nous entourent, elle se trouve au plus intime de l'âme, on peut aussi bien la posséder dans une prison que dans un palais, la preuve, c'est que je suis plus heureuse au Carmel, même au milieu des épreuves intérieures et extérieures que dans le monde, entourée des commodités de la vie et surtout des douceurs du foyer paternel !... J'avais l'âme plongée dans la tristesse, cependant à l'extérieur, j'étais la même, car je croyais cachée la demande que j'avais faite au St Père ; bientôt je pus me convaincre du contraire, étant restée seule dans le wagon avec Céline (les autres pèlerins étaient descendus au buffet pendant les quelques minutes d'arrêt) je vis Monsieur Legoux, vicaire général de Coutances ouvrir la portière et me regardant en souriant, il me dit : " Eh bien, comment va notre petite carmélite ?... " Je compris alors que tout le pèlerinage savait mon secret, heureusement personne ne m'en parla, mais je vis à la manière sympathique dont on me regardait, que ma demande n'avait pas produit un mauvais effet, au contraire,.. À la petite ville d'Assise j'eus l'occasion de monter dans la voiture de Monsieur Révérony, faveur qui ne fut accordée à aucune dame pendant tout le voyage. Voici comment j'obtins ce privilège. Après avoir visité les lieux embaumés par les vertus de Saint François et de Sainte Claire, nous avions terminé par le monastère de Sainte Agnès, sœur de Sainte Claire ; j'avais contemplé à mon aise la tête de la Sainte, lorsque me retirant une des dernières je m'aperçus avoir perdu ma ceinture ; je la cherchai au milieu de la foule, un prêtre eut pitié de moi et m'aida, mais après me l'avoir trouvée, je le vis s'éloigner et je restai seule à chercher, car j'avais bien la ceinture, mais impossible de la mettre, la boucle manquait... Enfin je la vis briller dans un coin, la saisir et l'ajuster au ruban ne fut pas long, ais le travail précédent l'avait été davantage, aussi mon étonnement fut grand de me trouver seule auprès de l'église, toutes les nombreuses voitures avaient disparu, à l'exception de celle de Mr Révérony. Quel parti prendre ? Fallait-il courir après les voitures que je ne voyais plus, m'exposer à manquer le train et mettre mon Papa chéri dans l'inquiétude, ou bien demander une place dans la calèche de Mr Révérony ?... Je me décidai à ce dernier parti. Avec mon air le plus gracieux et le moins embarrassé possible malgré mon extrême embarras, je lui exposai ma situation critique et le mis dans l'embarras lui-même, car sa voiture était garnie des messieurs les plus distingués du pèlerinage, Pas moyen de trouver une place de plus, mais un monsieur très galant se hâta de descendre, me fit monter à sa place et se plaça modestement auprès du cocher. Je ressemblais à un écureuil pris dans un piège et j'étais loin d'être à l'aise, entourée de tous ces grands personnages et surtout du plus redoutable en face duquel j'étais placée... Il fut cependant très aimable pour moi, interrompant de temps en temps sa conversation avec les messieurs pour me parler du Carmel. Avant d'arriver à la gare tous les grands personnages tirèrent leurs grands porte-monnaie afin de donner de l'argent au cocher (déjà payé), je fis comme eux et pris mon tout petit porte-monnaie, mais Monsieur Révérony ne consentit pas à ce que j'en fisse sortir de jolies petites pièces, il aima mieux en donner une grande pour nous deux. Une autre fois je me trouvai à côté de lui en omnibus, il fut encore plus aimable et me promit de faire tout ce qu'il pourrait afin que j'entre au Carmel... Tout en mettant un peu de baume sur mes plaies, ces petites rencontres n'empêchèrent pas le retour d'être beaucoup moins agréable que l'aller, car je n'avais plus l'espoir " du St Père " je ne trouvais aucun secours sur la terre qui me paraissait un désert aride et sans eau, (NHA 625) (Ps 63,2) toute mon espérance était dans le Bon Dieu seul... je venais de faire l'expérience qu'il vaut mieux avoir recours à Lui qu'à ses saints... La tristesse de mon âme ne m'empêcha pas de prendre un grand intérêt aux saints lieux que nous visitions A Florence je fus heureuse de contempler Sainte Madeleine de Pazzi au milieu du chœur des carmélites qui nous ouvrirent la grande grille ; comme nous ne savions pas jouir de ce privilège beaucoup de personnes désirant faire toucher leurs chapelets au tombeau de la sainte, il n'y eut que moi à pouvoir passer la main dans la grille qui nous en séparait, aussi tout le monde m'apportait des chapelets et j'étais bien fière de mon office... Il fallait toujours que je trouve le moyen de toucher à tout, ainsi dans l'Église de Sainte Croix en Jérusalem (de Rome) nous pûmes vénérer plusieurs morceaux de la vraie Croix, deux épines et l'un des clous sacrés renfermé dans un magnifique reliquaire d'or ouvragé, mais sans verre, aussi je trouvai moyen, en vénérant la précieuse relique, de couler mon petit doigt dans un des jours du reliquaire et je pus toucher au clou qui fut baigné du sang de Jésus... J'étais vraiment par trop audacieuse !... Heureusement le bon Dieu qui voit le fond des choses sait que mon intention était pure et que pour rien au monde je n'aurais voulu lui déplaire, j'agissais avec Lui comme un enfant qui se croit tout permis et regarde les trésors de son père comme les siens. (Lc 15,31) Je ne puis encore comprendre pourquoi les femmes sont si facilement excommuniées en Italie, à chaque instant on nous disait : " N'entrez pas ici... N'entrez pas là, vous seriez excommuniées !... " Cependant elles aiment le bon Dieu en bien plus grand nombre que les hommes et pendant la Passion de Notre Seigneur les femmes eurent plus de courage que les apôtres, (Lc 23,27) puisqu'elles bravèrent les insultes des soldats et osèrent essuyer la Face adorable de Jésus,.. C'est sans doute pour cela qu'Il permet que le mépris soit leur partage sur la terre, puisqu'Il l'a choisi pour Lui-même... Au Ciel, Il saura bien montrer que ses pensées ne sont pas celles des hommes, (NHA 626) (Is 55,8-9) car alors les dernières seront les premières... (NHA 627) (Mt 20,16) Plus d'une fois pendant le voyage, je n'ai pas eu la patience d'attendre le Ciel pour être la première... Un jour que nous visitions un monastère de Carmes, ne me contentant pas de suivre les pèlerins dans les galeries extérieures, je m'avançai sous les cloîtres inférieurs... tout à coup je vis un bon vieux carme qui de loin me faisait signe de m'éloigner, mais au lieu de m'en aller, je m'approchai de lui et montrant les tableaux du cloître, je lui fis signe qu'ils étaient jolis. Il reconnut sans doute à mes cheveux sur le dos et à mon air jeune que j'étais une enfant, il me sourit avec bonté et s'éloigna voyant qu'il n'avait pas une ennemie devant lui ; si j'avais pu lui parler italien, je lui aurais dit être une future carmélite, mais à cause des constructeurs de la tour de Babel, cela me fut impossible. (Gn 11,9) Après avoir encore visité Pise et Gênes nous revînmes en France. Sur le parcours la vue était magnifique, tantôt nous longions la mer et le chemin de fer en était si près qu'il me semblait que les vagues allaient arriver jusqu'à nous (ce spectacle fut causé par une tempête, c'était le soir, ce qui rendait la scène encore plus imposante), tantôt des plaines couvertes d'orangers aux fruits mûrs, de verts oliviers au feuillage léger, de palmiers gracieux... à la tombée du jour, nous voyions les nombreux petits ports de mer s'éclairer d'une multitude de lumières, pendant qu'au Ciel scintillaient les premières étoiles... Ah ! quelle poésie remplissait mon âme à la vue de toutes ces choses que je regardais pour la première et la dernière fois de ma vie !... C'était sans regret que je les voyais s'évanouir, mon cœur aspirait à d'autres merveilles (NHA 628) il avait assez contemplé les beautés de la terre, celles du Ciel étaient l'objet de ses désirs et pour les donner aux âmes, je voulais devenir prisonnière !... Avant de voir s'ouvrir devant moi les portes de la prison bénie après laquelle je soupirais, il me fallait encore lutter et souffrir ; je le sentais en revenant en France, cependant ma confiance était si grande que je ne cessai pas d'espérer qu'il me serait permis d'entrer le 25 décembre... À peine arrivés Lisieux, notre première visite fut pour le Carmel. (NHA 629) Quelle entrevue que celle-là !... Nous avions tant de choses à nous dire, depuis un mois de séparation, mois qui m'a semblé plus long et pendant lequel j'ai plus appris que pendant plusieurs années... O ma Mère chérie ! qu'il m'a été doux de vous revoir, de vous ouvrir ma pauvre petite âme blessée. À vous qui saviez si bien me comprendre, à qui une parole, un regard suffisaient pour tout deviner ! Je m'abandonnai complètement, j'avais fait tout ce qui dépendait de moi, tout, jusqu'à parler au Saint Père, aussi je ne savais ce que je devais encore faire. Vous me dîtes d'écrire à Monseigneur et de lui rappeler sa promesse ; je le fis aussitôt, le mieux qu'il me fut possible, mais dans des termes que mon Oncle trouva un peu trop simples, Il refit ma lettre ; au moment où j'allais la faire partir, j'en reçus une de vous, me disant de ne pas écrire, d'attendre quelques jours ; j'obéis aussitôt, car j'étais sûre que c'était le meilleur moyen de ne pas me tromper. Enfin dix jours avant Noël, ma lettre partit ! Bien convaincue que la réponse ne se ferait pas attendre, j'allais tous les matins après la messe à la poste avec Papa, croyant y trouver la permission de m'envoler, mais chaque matin amenait une nouvelle déception qui cependant, n'ébranlait pas ma foi... je demandais à Jésus de briser mes liens, Il les brisa, (Ps 116,16) mais d'une manière toute différente de celle que j'attendais... La belle fête de Noël arriva et Jésus ne se réveilla pas... Il laissa par terre sa petite balle, sans même jeter sur elle un regard... Mon cœur était brisé en me rendant à la messe de minuit, je comptais si bien y assister derrière les grilles du Carmel... Cette épreuve fut bien grande pour ma foi, mais Celui dont le cœur veille pendant son sommeil, (NHA 630) me fit comprendre qu'à ceux dont la foi égale un grain de sénevé, (Mt 17,19) il accorde des miracles et fait changer de place les montagnes, afin d'affermir cette foi si petite ; (NHA 631) mais pour ses intimes, pour sa Mère, il ne fait pas de miracles avant d'avoir éprouvé leur foi. (Ct 5,2) Ne laissa-t-Il pas mourir Lazare, bien que Marthe et Marie Lui aient fait dire qu'il était malade ?... (NHA 632) (Jn 11,1-4) Aux noces de Cana, la Sainte Vierge ayant demandé à Jésus de secourir le Maître de la maison, ne Lui répondit-Il pas que son heure n'était pas encore venue ?... (NHA 633) (Jn 2,1-11) Mais après l'épreuve, quelle récompense ! l'eau se change en vin... Lazare ressuscite !... Ainsi Jésus agit-Il envers sa petite Thérèse : après l'avoir longtemps éprouvée, il combla tous les désirs de son cœur... L'après-midi de la radieuse fête passée pour moi dans les larmes, j'allai voir les carmélites ; ma surprise fut bien grande d'apercevoir lorsqu'on ouvrit la grille un ravissant petit Jésus, tenant en sa main une balle sur laquelle était écrit mon nom. Les carmélites, à la place de Jésus, trop petit pour parler, me chantèrent un cantique composé par ma Mère chérie ; chaque parole répandait en mon âme une bien douce consolation, jamais je n'oublierai cette délicatesse de cœur maternel qui toujours me combla des plus exquises tendresses... Après avoir remercié en répandant de douces larmes, je racontai la surprise que ma Céline chérie m'avait faite en revenant de la messe de minuit. J'avais trouvé dans ma chambre, au milieu d'un charmant bassin, un petit navire qui portait le petit Jésus dormant avec une petite balle auprès de Lui, sur la voile blanche Céline avait écrit ces mots : " Je dors mais mon cœur veille " (NHA 634) (Ct 5,2) et sur le vaisseau ce seul mot : " Abandon ! " Ah ! si Jésus ne parlait pas encore à sa petite fiancée, si toujours ses yeux divins restaient fermés, du moins, Il se révélait à elle par le moyen d'âmes comprenant toutes les délicatesses et l'amour de son cœur... Le premier jour de l'année 1888 Jésus me fit encore présent de sa croix mais cette fois je fus seule à la porter, car elle fut d'autant plus douloureuse qu'elle était incomprise... Une lettre de Pauline (Mère Marie de Gonzague) m'annonça que la réponse de Monseigneur était arrivée le 28, fête des Sts Innocents, mais qu'elle ne me l'avait pas fait savoir, ayant décidé que mon entrée n'aurait lieu qu'après le carême. (Gn 7,13-16) Je ne pus retenir mes larmes à la pensée d'un si long délai. Cette épreuve eut pour moi un caractère tout particulier, je voyais mes liens rompus du côté du monde et cette fois c'était l'arche sainte qui refusait son entrée à la pauvre petite colombe... (Ps 116,16) FCB (Gn 7,13-16) Je veux bien croire que je dus paraître déraisonnable en n'acceptant pas joyeusement mes trois mois d'exil, mais je crois aussi que, sans le paraître, cette épreuve fut très grande et me fit beaucoup grandir dans l'abandon et dans les autres vertus.

Comment se passèrent ces trois mois si riches en grâces pour mon âme ?... D'abord il me vint à la pensée de ne pas me gêner à mener une vie aussi bien réglée que j'en avais l'habitude, mais bientôt je compris le prix du temps qui m'était offert et je résolus de me livrer plus que jamais à une vie sérieuse et mortifiée. Lorsque je dis mortifiée, ce n'est pas afin de faire croire que je faisais des pénitences, hélas ! je n'en ai jamais fait aucune, bien loin de ressembler aux belles âmes qui dès leur enfance pratiquaient toute espèce de mortifications, je ne sentais pour elles aucun attrait ; sans doute cela venait de ma lâcheté, car j'aurais pu, comme Céline, trouver mille petites inventions pour me faire souffrir, au lieu de cela je me suis toujours laissée dorloter dans du coton et empâter comme un petit oiseau qui n'a pas besoin de faire pénitence... Mes mortifications consistaient à briser ma volonté, toujours prête à s'imposer, à retenir une parole de réplique, à rendre de petits services sans les faire valoir, à ne point m'appuyer le dos quand j'étais assise, etc., etc. Ce fut par la pratique de ces riens que je me préparai à devenir la fiancée de Jésus, et je ne puis dire combien cette attente m'a laissé de doux souvenirs... Trois mois passent bien vite, enfin le moment si ardemment désiré arriva. Le lundi 9 avril, jour où le Carmel célébrait la fête de l'Annonciation, remise à cause du carême, fut choisi pour mon entrée. La veille toute la famille était réunie autour de la table où je devais m'asseoir une dernière fois. Ah ! que ces réunions intimes sont déchirantes !... Alors qu'on voudrait se voir oubliée, les caresses, les paroles les plus tendres sont prodiguées et font sentir le sacrifice de la séparation... Papa ne disait presque rien mais son regard se posait sur moi avec amour... Ma Tante pleurait de temps en temps et mon Oncle me faisait mille compliments affectueux. Jeanne et Marie étaient aussi remplies de délicatesses pour moi, surtout Marie qui me prenant à l'écart, me demanda pardon des peines qu'elle croyait m'avoir causées. Enfin ma chère petite Léonie, revenue de la Visitation depuis quelques mois, (NHA 701) me comblait plus encore de baisers et de caresses. Il n'y a que de Céline dont je n'ai pas parlé, mais vous devinez, ma Mère chérie, comment se passa la dernière nuit où nous avons couché ensemble... Le matin du grand jour, après avoir jeté un dernier regard sur les Buissonnets, ce nid gracieux de mon enfance que je ne devais plus revoir, je partis au bras de mon Roi chéri pour gravir la montagne du Carmel... Comme la veille toute la famille se trouva réunie pour entendre la Sainte Messe et y communier. Aussitôt que Jésus fut descendu dans le cœur de mes parents chéris, je n'entendis autour de moi que des sanglots, il n'y eut que moi qui ne versai pas de larmes, mais je sentis mon cœur battre avec une telle violence qu'il me sembla impossible d'avancer lorsqu'on vint nous faire signe de venir à la porte conventuelle ; j'avançai cependant tout en me demandant si je n'allais pas mourir par la force des battements de mon cœur... Ah ! quel moment que celui-là Il faut y avoir passé pour savoir ce qu'il est... Mon émotion ne se traduisit pas au-dehors : après avoir embrassé tous les membres de ma famille chérie, je me mis à genoux devant mon incomparable Père, lui demandant sa bénédiction ; pour me la donner il se mit lui-même à genoux et me bénit en pleurant... C'était un spectacle qui devait faire sourire les anges que celui de ce vieillard présentant au Seigneur son enfant encore au printemps de la vie !... quelques instants après, es portes de l'arche sainte se fermaient sur moi (Gn 7,16) et là je recevais les embrassements des sœurs chéries qui m'avaient servi de mères et que j'allais désormais prendre pour modèles de mes actions... Enfin mes désirs étaient accomplis, mon âme ressentait une PAIX si douce et si profonde qu'il me serait impossible de l'exprimer et depuis sept ans et demi cette paix intime est restée mon partage, elle ne m'a pas abandonnée au milieu des plus grandes épreuves. Comme toutes les postulantes je fus conduite au chœur aussitôt après mon entrée ; il était sombre à cause du Saint Sacrement exposé (NHA 702) et ce qui frappa d'abord mes regards, furent les yeux de notre sainte Mère Geneviève (NHA 703) qui se fixèrent sur moi ; je restai un moment à genoux à ses pieds remerciant le bon Dieu de la grâce qu'Il m'accordait de connaître une sainte et puis je suivis la Mère Marie de Gonzague (NHA 704) dans les différents endroits de la communauté ; tout me semblait ravissant, je me croyais transportée dans un désert, notre petite cellule surtout me charmait, mais la joie que je ressentais était calme, le plus léger zéphyr ne faisait pas onduler les eaux tranquilles sur lesquelles voguait ma petite nacelle, aucun nuage n'obscurcissait mon ciel d'azur... h ! j'étais pleinement récompensée de toutes mes épreuves... Avec quelle joie profonde je répétais ces paroles : " C'est pour toujours, toujours que je suis ici !... " Ce bonheur n'était pas éphémère, il ne devait point s'envoler avec " les illusions des premiers jours. " Les illusions, le bon Dieu m'a fait la grâce de n'en avoir AUCUNE en entrant au Carmel ; j'ai trouvé la vie religieuse telle que je me l'étais figurée, aucun sacrifice ne m'étonna et cependant, vous le savez, ma Mère chérie, es premiers pas ont rencontré plus d'épines que (de) roses !... Oui, la souffrance m'a tendu les bras et je m'y suis jetée avec amour... Ce que je venais faire au Carmel, je l'ai déclaré aux pieds de Jésus-Hostie, dans l'examen qui précéda ma profession : " je suis venue pour sauver les âmes et surtout afin de prier pour les prêtres. " Lorsqu'on veut atteindre un but, il faut en prendre les moyens ; Jésus me fit comprendre que c'était par la croix qu'Il voulait me donner des âmes et mon attrait pour la souffrance grandit à mesure que la souffrance augmentait. Pendant cinq années cette voie fut la mienne ; mais à l'extérieur, rien ne traduisait ma souffrance d'autant plus douloureuse que j'étais seule à la connaître. Ah ! quelle surprise à la fin du monde nous aurons en lisant l'histoire des âmes !...

Qu'il y aura de personnes étonnées en voyant la voie par laquelle la mienne a été conduite... Cela est si vrai que, deux mois après mon entrée, le Père Pichon étant venu pour la profession de sœur Marie du Sacré-cœur, il fut surpris de voir ce que le Bon Dieu faisait en mon âme et me dit que la veille, m'ayant considérée priant au chœur, il croyait ma ferveur tout enfantine et ma voie bien douce. Mon entrevue avec le bon Père fut pour moi une consolation bien grande, mais voilée de larmes à cause de la difficulté que j'éprouvais à ouvrir mon âme.

Je fis cependant une confession générale, comme jamais je n'en avais faite ; à la fin le Père me dit ces paroles, les plus consolantes qui soient venues retentir à l'oreille de mon âme : " En présence du Bon Dieu, de la Sainte Vierge et de tous les Saints, JE DECLARE QUE JAMAIS VOUS N'AVEZ COMMIS UN SEUL PECHE MORTEL. " Puis il ajouta : remerciez le Bon Dieu de ce qu'il fait pour vous, car s'il vous abandonnait, au lieu d'être un petit ange, vous deviendriez un petit démon. Ah ! je n'avais pas de peine à le croire, je sentais combien j'étais faible et imparfaite, mais la reconnaissance remplissait mon âme ; j'avais une si grande crainte d'avoir terni la robe de mon Baptême, qu'une telle assurance sortie de la bouche d'un directeur comme les désirait Notre Sainte Mère Thérèse, c'est-à-dire unissant la science à la vertu, (NHA 706) me paraissait sortie de la bouche même de Jésus... Le bon Père me dit encore ces paroles qui se sont doucement gravées dans mon cœur : " Mon enfant, que Notre Seigneur soit toujours votre Supérieur et votre Maître des novices. " Il le fut en effet et aussi " Mon directeur ". Ce n'est pas que je veuille dire par là que mon âme ait été fermée pour mes Supérieures, ah ! loin de là, j'ai toujours essayé qu'elle leur soit un livre ouvert ; mais notre Mère, souvent malade, avait peu le temps de s'occuper de moi. Je sais qu'elle m'aimait beaucoup et disait de moi tout le bien possible, cependant le Bon Dieu permettait qu'à son insu, elle fût TRES SEVERE ; je ne pouvais la rencontrer sans baiser la terre, (NHA 707) il en était de même dans les rares directions que j'avais avec elle... Quelle grâce inappréciable !... Comme le Bon Dieu agissait visiblement en celle qui tenait sa place !... Que serais-je devenue si, comme le croyaient les personnes du monde, j'avais été " le joujou " de la communauté ?... Peut-être au lieu de voir Notre-Seigneur en mes Supérieures n'aurais-je considéré que les personnes et mon cœur, si bien gardé dans le monde, se serait attaché humainement dans le cloître... Heureusement je fus préservée de ce malheur. Sans doute, j'aimais beaucoup notre Mère, mais d'une affection pure qui m'élevait vers l'Époux de mon âme... Notre maîtresse (NHA 708) était une vraie sainte, le type achevé des premières carmélites ; toute la journée j'étais avec elle, car elle m'apprenait à travailler. Sa bonté pour moi était sans bornes et cependant mon âme ne se dilatait pas... Ce n'était qu'avec effort qu'il m'était possible de faire direction, n'étant pas habituée à parler de mon âme je ne savais comment exprimer ce qui s'y passait. Une bonne vieille mère (NHA 709) comprit un jour ce que je ressentais, elle me dit en riant à la récréation : " Ma petite fille, il me semble que vous ne devez pas avoir grand'chose à dire à vos supérieures. " " Pourquoi, ma Mère, dites-vous cela ?... " " Parce que votre âme est extrêmement simple, mais quand vous serez parfaite, vous serez encore plus simple, plus on s'approche du Bon Dieu, plus on se simplifie. " La bonne Mère avait raison ; cependant la difficulté que j'avais à ouvrir mon âme, tout en venant de ma simplicité, était une véritable épreuve, je le reconnais maintenant, car sans cesser d'être simple j'exprime mes pensées avec une très grande facilité. J'ai dit que Jésus avait été " mon Directeur " En entrant au Carmel je fis connaissance avec celui qui devait m'en servir, mais à peine m'avait-il admise au nombre de ses enfants qu'il partit pour l'exil... (NHA 710) Ainsi je ne l'avais connu que pour en être aussitôt privée... Réduite à recevoir de lui une lettre par an, sur douze que je lui écrivais, mon cœur se tourna bien vite vers le Directeur des directeurs et ce fut Lui qui m'instruisit de cette science cachée aux savants et aux sages qu'Il daigne révéler aux petits... (NHA 711) (Lc 10,21) La petite fleur transplantée sur la montagne du Carmel devait s'épanouir à l'ombre de la Croix ; les larmes, le sang de Jésus devinrent sa rosée et son Soleil fut sa Face Adorable voilée de pleurs... Jusqu'alors je n'avais pas sondé la profondeur des trésors cachés dans la Sainte Face (NHA 712) (Is 53,3) ce fut par vous, ma Mère chérie, que j'appris à les connaître, de même qu'autrefois vous nous aviez toutes précédées au Carmel, de même vous aviez pénétré la première les mystères d'amour cachés dans le Visage de notre Époux ; alors vous m'avez appelée et j'ai compris... J'ai compris ce qu'était la véritable gloire. Celui dont le royaume n'est pas de ce monde (NHA 713) (Jn 18,36) me montra que la vraie sagesse consiste à " vouloir être ignorée et comptée pour rien, " (NHA 714) à " mettre sa joie dans le mépris de soi-même... " (NHA 715) Ah ! comme celui de Jésus, je voulais que : " Mon visage soit vraiment caché, que sur la terre personne ne me reconnaisse. " (NHA 716) J'avais soif de souffrir et d'être oubliée... (Is 53,3) Qu'elle est miséricordieuse la voie par laquelle le Bon Dieu m'a toujours conduite, jamais Il ne m'a fait désirer quelque chose sans me le donner, aussi son calice amer me parut-il délicieux... Après les radieuses fêtes du mois de mai, fêtes de la profession et prise de voile de notre chère Marie, l'ainée de la famille que la dernière eut le bonheur de couronner au jour de ses noces, il fallait bien que l'épreuve vînt nous visiter... L'année précédente au mois de mai, Papa avait été atteint d'une attaque de paralysie dans les jambes, notre inquiétude fut bien grande alors, mais le fort tempérament de mon Roi chéri prit bientôt le dessus et nos craintes disparurent ; cependant plus d'une fois pendant le voyage de Rome, nous avions remarqué qu'il se fatiguait facilement, qu'il n'était plus aussi gai que d'habitude... Ce que surtout j'avais remarqué c'était les progrès que Papa faisait dans la perfection ; à l'exemple de Saint François de Sales, il était parvenu à se rendre maître de sa vivacité naturelle au point qu'il paraissait avoir la nature la plus douce du monde... (NHA 717) Les choses de la terre semblaient à peine l'effleurer, il prenait facilement le dessus des contrariétés de cette vie, enfin le Bon Dieu l'inondait de consolations ; pendant ses visites journalières au Saint Sacrement ses yeux se remplissaient souvent de larmes et son visage respirait une béatitude céleste... Lorsque Léonie sortit de la Visitation, il ne s'affligea pas, ne fit aucun reproche au Bon Dieu de n'avoir pas exaucé les prières qu'il Lui avait faites pour obtenir la vocation de sa chère fille, ce fut même avec une certaine joie qu'il partit la chercher... Voici avec quelle foi Papa accepta la séparation de sa petite reine, il l'annonçait en ces termes à ses amis d'Alençon : " Bien chers Amis, Thérèse, ma petite reine, est entrée hier au Carmel... Dieu seul peut exiger un tel sacrifice... Ne me plaignez pas, car mon cœur surabonde de joie. " Il était temps qu'un aussi fidèle serviteur reçut le prix de ses travaux, (Mt 25,21) il était juste que son salaire ressemblât à celui que Dieu donna au Roi du Ciel, son Fils unique... Papa venait d'offrir à Dieu un autel (NHA 718) ce fut lui la victime choisie pour y être immolée avec l'Agneau sans tâche. (NHA 719)

Vous connaissez, ma Mère chérie, nos amertumes du mois de Juin et surtout du 24 de l'année 1888 (NHA 720) ces souvenirs sont trop bien gravés au fond de nos cœurs pour qu'il soit nécessaire de les écrire... O ma Mère que nous avons souffert !... et ce n'était encore que le commencement de notre épreuve... cependant l'époque de ma prise d'habit était arrivée ; je fus reçue par le chapitre, mais comment songer à faire une cérémonie ? Déjà l'on parlait de me donner le saint habit sans me faire sortir (NHA 721) lorsqu'on décida d'attendre. Contre toute espérance, notre Père chéri se remit de sa seconde attaque et Monseigneur fixa la cérémonie au 10 janvier. L'attente avait été longue, mais aussi, quelle belle fête !... rien n'y manquait, rien, pas même la neige... Je ne sais pas si déjà je vous ai parlé de mon amour pour la neige ?... Toute petite, sa blancheur me ravissait ; un des plus grands plaisirs était de me promener sous les flocons neigeux. D'où me venait ce goût pour la neige ?... Peut-être de ce qu'étant une Petite fleur d'hiver la première parure dont mes yeux d'enfant virent la nature embellie dut être son blanc manteau... Enfin j'avais toujours désiré que le jour de ma prise d'habit la nature fût comme moi parée de blanc. La veille de ce beau jour je regardais tristement le ciel gris d'où s'échappait de temps en temps une pluie fine et la température était si douce que je n'espérais plus la neige. Le matin suivant, le Ciel n'avait pas changé ; (NHA 722) cependant la fête fut ravissante, et la plus belle, la plus ravissante fleur était mon Roi chéri, jamais il n'avait été plus beau, plus digne... Il fit l'admiration de tout le monde, ce jour fut son triomphe, sa dernière fête ici-bas. Il avait donné tous ses enfants au Bon Dieu, car Céline lui ayant confié sa vocation, il avait pleuré de joie et était allé avec elle remercier Celui qui " lui faisait l'honneur de prendre tous ses enfants. " (NHA 723)

À la fn de la cérémonie Monseigneur entonna le Te Deum, un prêtre essaya de faire remarquer que ce cantique ne se chantait qu'aux professions, mais l'élan était donné et l'hymne d'action de grâce : se continua jusqu'au bout. Ne fallait-il pas que la fête fût complète puisqu'en elle se réunissaient toutes les autres ?... Après avoir embrassé une dernière fois mon Roi chéri, je rentrai dans la clôture, la première chose que j'aperçus sous le cloître fut " mon petit Jésus rose " me souriant au milieu des fleurs et des lumières et puis aussitôt mon regard se porta sur des flocons de neige... le préau était blanc comme moi. Quelle délicatesse de Jésus ! Prévenant les désirs de sa petite fiancée, il lui donnait de la neige... De la neige, quel est donc le mortel qui puisse en faire tomber du ciel pour charmer sa bien-aimée ?... peut-être les personnes du monde se firent-elles cette question, ce qu'il y a de certain, c'est que la neige de ma prise d'habit leur parut un petit miracle et que toute la ville s'en étonna. On trouva que j'avais un drôle de goût d'aimer la neige... Tant mieux ! cela fit encore ressortir davantage l'incompréhensible condescendance de l'Époux des vierges... de Celui qui chérit les lys blancs comme la NEIGE !... Monseigneur entra après la cérémonie, il fut d'une bonté toute paternelle pour moi (NHA 724) Je crois bien qu'il était fier de voir que j'avais réussi, il disait à tout le monde que j'étais " sa petite fille. " A chaque fois qu'il revint de puis cette belle fête sa Grandeur fut toujours bien bonne pour moi, je me souviens surtout de sa visite à l'occasion du centenaire de Notre Père Saint Jean de la Croix. Il me prit la tête dans ses mains, me fit mille caresses de toutes sortes, jamais je n'avais été aussi honorée ! En même temps le Bon Dieu me fit penser aux caresses qu'il voudra bien me prodiguer devant les anges et les Saints et dont il me donnait une faible image dès ce monde, aussi la consolation que je ressentis fut bien grande... Comme je viens de le dire la journée du 20 janvier fut le triomphe de mon Roi, je le compare à l'entrée de Jésus à Jérusalem le jour des rameaux ; (Mt 21,1-10) comme celle de Notre Divin Maître, sa gloire d'un jour fut suivie d'une passion douloureuse et cette passion ne fut pas pour lui seul ; de même que les douleurs de Jésus percèrent d'un glaive le cœur de sa Divine Mère, (Lc 2,35) ainsi nos cœurs ressentirent les souffrances de celui que nous chérissions le plus tendrement sur la terre... je me rappelle qu'au mois de juin 1888, au moment de nos premières épreuves, je disais : " Je soufre beaucoup, mais je sens que je puis encore supporter de plus grandes épreuves. " Je ne pensais pas alors à celles qui m'étaient réservées... Je ne savais pas que le 12 février, un mois après ma prise d'habit, notre Père chéri boirait à la plus amère, à la plus humiliante de toutes les coupes. (NHA 725) Ah ! ce jour-là je n'ai pas dit pouvoir souffrir encore davantage !... Les paroles ne peuvent exprimer nos angoisses, aussi je ne vais pas essayer de les décrire. Un jour, au Ciel, nous aimerons à nous parler de nos glorieuses épreuves, déjà ne sommes-nous pas heureuses de les avoir souffertes ? Oui les trois années du martyre de Papa me paraissent les plus aimables, les plus fructueuses de toute notre vie, je ne les donnerais pas pour toutes les extases et les révélations des Saints, mon cœur déborde de reconnaissance en pensant à ce trésor inestimable qui doit causer une sainte jalousie aux Anges de la Céleste cour... Mon désir des souffrances était comblé, cependant mon attrait pour elles ne diminuait pas, aussi mon âme partagea-t-elle bientôt ces souffrances de mon cœur. La sécheresse était mon pain quotidien et privée de toute consolation j'étais cependant la plus heureuse des créatures, puisque tous mes désirs étaient satisfaits... O ma Mère chérie ! qu'elle a été douce notre grande épreuve, puisque de tous nos cœurs ne sont sortis que des soupirs d'amour et de reconnaissance !... Nous ne marchions plus dans les sentiers de la perfection, nous volions toutes les cinq. Les deux pauvres petites exilées de Caen (NHA 726) tout en étant encore dans le monde, n'étaient plus du monde... Ah ! quelles merveilles l'épreuve a faites dans l'âme de ma Céline chérie... Toutes les lettres qu'elle écrivait à cette époque sont empreintes de résignation et d'amour... Et qui pourra dire les parloirs que nous avions ensemble ; Ah ! loin de nous séparer les grilles du Carmel unissaient plus fortement nos âmes, (Jn 17,14-16) nous avions les mêmes pensées, les mêmes désirs, le même amour de Jésus et des âmes... Lorsque Céline et Thérèse se parlaient, jamais un mot des choses de la terre ne se mêlait à leurs conversations (Ph 3,20) qui déjà étaient toutes dans le Ciel. Comme autrefois dans le belvédère, elles rêvaient les choses de l'éternité et pour jouir bientôt de ce bonheur sans fin, elles choisissaient ici-bas pour unique partage la " souffrance et le mépris. " (NHA 727) Ainsi s'écoula le temps de mes fiançailles... Il fut bien long pour la pauvre petite Thérèse ! Au bout de mon année, Notre Mère me dit de ne pas songer à demander la profession, que certainement Monsieur le Supérieur repousserait ma prière, je dus attendre encore huit mois... Au premier moment il me fut bien difficile d'accepter ce grand sacrifice, mais bientôt la lumière se fit dans mon âme ; je méditais alors les " Fondements de la vie spirituelle " par le Père Surin ; un jour pendant l'oraison je compris que mon désir si vif de faire profession était mélangé d'un grand amour-propre ; puisque je m'étais donnée à Jésus pour lui faire plaisir, le consoler, je ne devais pas l'obliger à faire ma volonté au lieu de la sienne ; je compris encore qu'une fiancée devait être parée pour le jour de ses noces et moi je n'avais rien fait dans ce but... alors je dis Jésus : " O mon Dieu ! je ne vous demande pas de prononcer mes saints vœux, j'attendrai autant que vous le voudrez, seulement je ne veux pas que par ma faute mon union avec vous soit différée, aussi je vais mettre tous mes soins à me faire une belle robe enrichie de pierreries ; quand vous la trouverez assez richement ornée je suis sûre que toutes les créatures ne vous empêcheront pas de descendre vers moi afin de m'unir pour toujours à vous, ô mon Bien-Aimé !... " Depuis ma prise d'habit, j'avais déjà reçu d'abondantes lumières sur la perfection religieuse, principalement au sujet du vœu de Pauvreté. Pendant mon postulat, j'étais contente d'avoir de gentilles choses à mon usage et de trouver sous la main tout ce qui m'était nécessaire. " Mon Directeur " (NHA 728) souffrait cela patiemment, car Il n'aime pas à tout montrer aux âmes en même temps. Il donne ordinairement sa lumière petit à petit. (Au commencement de ma vie spirituelle, vers l'âge de treize à quatorze ans, je me demandais ce que plus tard j'aurais à gagner, car je croyais qu'il m'était impossible de mieux comprendre la perfection ; j'ai reconnu bien vite que plus on avance dans ce chemin, plus on se croit éloigné du terme, aussi maintenant je me résigne à me voir toujours imparfaite et j'y trouve ma joie...) je reviens aux leçons que me donna

" mon Directeur ". Un soir après complies je cherchai vainement notre petite lampe sur les planches réservées à cet usage, c'était grand silence, impossible de la réclamer... je compris qu'une sœur croyant prendre sa lampe avait pris la nôtre dont j'avais un très grand besoin ; au lieu de ressentir du chagrin d'en être privée, je fus bien heureuse, sentant que la pauvreté consiste à se voir privée non pas seulement des choses agréables mais encore des choses indispensables, ainsi dans les ténèbres extérieures je fus illuminée intérieurement... Je fus prise à cette époque d'un véritable amour pour les objets les plus laids et les moins commodes, ainsi ce fut avec joie que je me vis enlever la jolie petite cruche de notre cellule et donner à sa place une grosse cruche tout ébréchée... je faisais aussi bien des efforts pour ne pas m'excuser, ce qui me semblait bien difficile surtout avec notre Maîtresse à laquelle je n'aurais voulu rien cacher ; voici ma première victoire, elle n'est pas grande mais elle m'a bien coûté. Un petit vase placé derrière une fenêtre se trouva brisé, notre Maîtresse croyant que c'était moi qui l'avais laissé traîner, me le montra en disant de faire plus attention une autre fois. Sans rien dire je baisai la terre, ensuite je promis d'avoir plus d'ordre à l'avenir. À cause de mon peu de vertu ces petites pratiques me coûtaient beaucoup et j'avais besoin de penser qu'au jugement dernier tout serait révélé, (Mt 25,31-40) car je faisais cette remarque, lorsqu'on fait son devoir, ne s'excusant jamais, personne ne le sait, au contraire, les imperfections paraissent tout de suite... Je m'appliquais surtout à pratiquer les petites vertus, n'ayant pas la facilité d'en pratiquer de grandes, ainsi j'aimais à plier les manteaux oubliés par les sœurs et à leur rendre tous les petits services que je pouvais. L'amour de la mortification me fut aussi donné, il fut d'autant plus grand que rien ne m'était permis pour le satisfaire... La seule petite mortification que je faisais dans le monde et qui consistait à ne pas m'appuyer le dos lorsque j'étais assise me fut défendue à cause de ma propension à me voûter. Hélas ! mon ardeur n'aurait sans doute pas été de longue durée si l'on m'avait accordé beaucoup de pénitences... Celles qu'on m'accordait sans que je les demande consistaient à mortifier mon amour-propre, ce qui me faisait beaucoup plus de bien que les pénitences corporelles...

Le réfectoire qui fut mon emploi aussitôt après ma prise d'habit me fournit plus d'une occasion de mettre mon amour-propre à sa place, c'est-à-dire sous les pieds... Il est vrai que j'avais une grande consolation d'être dans le même emploi que vous ma Mère chérie et de pouvoir contempler de près vos vertus, mais ce rapprochement était un sujet de souffrance ; je ne me sentais pas comme autrefois, libre de tout vous dire, il y avait la règle à observer, je ne pouvais pas vous ouvrir mon âme, enfin j'étais au Carmel et non plus aux Buissonnets sous le toit paternel !... Cependant, la Ste Vierge m'aidait à préparer la robe de mon âme ; aussitôt qu'elle fut achevée les obstacles s'en allèrent d'eux-mêmes. Monseigneur m'envoya la permission que j'avais sollicitée, la communauté voulut bien me recevoir et ma profession fut fixée au 8 septembre... Tout ce que je viens d'écrire en peu de mots demanderait bien des pages de détails, mais ces pages ne se liront jamais sur la terre ; bientôt, ma Mère chérie, je vous parlerai de toutes ces choses dans notre maison paternelle, au beau Ciel vers lequel montent les soupirs de nos cœurs !... Ma robe de noces était prête, elle était enrichie des anciens joyaux que m'avait donnés mon Fiancé, cela ne suffisait pas à sa libéralité. Il voulut me donner un nouveau diamant aux reflets sans nombre. L'épreuve de Papa était avec toutes ses douloureuses circonstances les anciens joyaux, et le nouveau fut une épreuve bien petite en apparence, mais qui me fit beaucoup souffrir. Depuis quelque temps, notre pauvre petit Père, se trouvant un peu mieux, on le faisait sortir en voiture, il était même question de le faire voyager en chemin de fer pour venir nous voir. Naturellement Céline pensa tout de suite qu'il fallait choisir le jour de ma prise de voile. "Afin de ne pas le fatiguer, disait-elle, je ne le ferai pas assister à toute la cérémonie, seulement à la fin, j'irai le chercher et je le conduirai tout doucement jusqu'auprès de la grille afin que Thérèse reçoive sa bénédiction." Ah ! je reconnais bien là le cœur de ma Céline chérie... c'est bien vrai que " jamais l'amour ne prétexte d'impossibilité parce qu'il se croit tout possible et tout permis... " (NHA 729) La prudence humaine au contraire tremble à chaque pas et n'ose pour ainsi dire poser le pied, aussi le Bon Dieu qui voulait m'éprouver se servit-Il d'elle comme d'un instrument docile et le jour de mes noces je fus vraiment orpheline, n'ayant pas de Père sur la terre mais pouvant regarder le Ciel avec confiance et dire en toute vérité : " Notre Père qui êtes aux Cieux. " (Mt 6,9) Avant de vous parler de cette épreuve j'aurais dû, ma Mère chérie, vous parler de la retraite qui précéda ma profession ; (NHA 801) elle fut loin de m'apporter des consolations, l'aridité la plus absolue et presque l'abandon furent mon partage. Jésus dormait comme toujours dans ma petite nacelle ; ah ! je vois bien que rarement les âmes laissent dormir tranquillement en elles. Jésus est si fatigué de toujours faire des frais et des avances qu'Il s'empresse de profiter du repos que je lui offre. Il ne se réveillera pas sans doute avant ma grande retraite de l'éternité, mais au lieu de me faire de la peine cela me fait un extrême plaisir... (Mc 4,37-39) Vraiment je suis loin d'être une sainte, rien que cela en est une preuve ; je devrais au lieu de me réjouir de ma sécheresse, l'attribuer à mon peu de ferveur et de fidélité, je devrais me désoler de dormir (depuis sept ans) pendant mes oraisons et mes actions de grâces ; eh bien, je ne me désole pas... je pense que les petits enfants plaisent autant à leurs parents lorsqu'ils dorment que lorsqu'ils sont éveillés, je pense que pour faire des opérations, les médecins endorment leurs malades. Enfin je pense que : " Le Seigneur voit notre fragilité, qu'Il se souvient que nous ne sommes que poussière. " (NHA 802) Ma retraite de profession fut donc comme toutes celles qui la suivirent une retraite de grande aridité ; cependant le Bon Dieu me montrait clairement sans que je m'en aperçoive, le moyen de Lui plaire et de pratiquer les plus sublimes vertus. J'ai remarqué bien des fois que Jésus ne veut pas me donner de provisions, il me nourrit à chaque instant d'une nourriture toute nouvelle, je la trouve en moi sans savoir comment elle y est... Je crois tout simplement que c'est Jésus Lui-même caché au fond de mon pauvre petit cœur qui me fait la grâce d'agir en moi et me fait penser tout ce qu'Il veut que je fasse au moment présent. Quelques jours avant celui de ma profession, j'eus le bonheur de recevoir la bénédiction du Souverain Pontife ; je l'avais sollicitée par le bon Frère Siméon pour Papa et pour moi et ce me fut une grande consolation de pouvoir rendre à mon petit Père chéri la grâce qu'il m'avait procurée en me conduisant à Rome. Enfin le beau jour de mes noces arriva, (NHA 803) il fut sans nuages, mais la veille il s'éleva dans mon âme une tempête comme jamais je n'en avais vue... Pas un seul doute sur ma vocation ne m'était encore venu à la pensée, il fallait que je connaisse cette épreuve. Le soir, en faisant mon chemin de la Croix après matines, ma vocation m'apparut comme un rêve, une chimère... je trouvais la vie du Carmel bien belle, mais le démon m'inspirait l'assurance qu'elle n'était pas faite pour moi, que je tromperais les supérieures en avançant dans une voie où je n'étais pas appelée... Mes ténèbres étaient si grandes que je ne voyais ni ne comprenais qu'une chose : Je n'avais pas la vocation !... Ah ! comment dépeindre l'angoisse de mon âme ?... Il me semblait (chose absurde qui montre que cette tentation était du démon) que si je disais mes craintes ma maîtresse elle allait m'empêcher de prononcer mes Saints vœux ; cependant je voulais faire la volonté du bon Dieu et retourner dans le monde plutôt que rester au Carmel en faisant la mienne ; je fis donc sortir ma maîtresse et remplie de confusion je lui dis l'état de mon âme... Heureusement elle vit plus clair que moi et me rassura complètement ; d'ailleurs l'acte d'humilité que j'avais fait venait de mettre en fuite le démon qui pensait peut-être que je n'allais pas oser avouer ma tentation. Aussitôt que j'eus fini de parler mes doutes s'en allèrent, cependant pour rendre plus complet mon acte d'humilité, je voulus encore confier mon étrange tentation à notre Mère qui se contenta de rire de moi. Le matin du 8 septembre, je me sentis inondée d'un fleuve de paix et ce fut dans cette paix " surpassant tout sentiment " (NHA 804) que je prononçai mes Saints vœux... (Ph 4,7 Is 66,12) Mon union avec Jésus se fit, non pas au milieu des foudres et des éclairs, c'est-à-dire des grâces extraordinaires, mais au sein d'un léger zéphyr, semblable à celui qu'entendit sur la montagne notre père Saint Élie... (1R 19,11-13) (NHA 805) Que de grâces n'ai-je pas demandées ce jour-là !... Je me sentais vraiment la REINE, aussi je profitais de mon titre pour délivrer les captifs, obtenir les faveurs du Roi envers ses sujets ingrats, enfin je voulais délivrer toutes les âmes du purgatoire et convertir les pécheurs,... J'ai beaucoup prié pour ma Mère, mes sœurs chéries... pour toute la famille, mais surtout pour mon petit Père, si éprouvé et si saint... Je me suis offerte à Jésus afin qu'Il accomplisse parfaitement en moi sa volonté sans que jamais les créatures y mettent obstacle... (NHA 806) (Mt 6,10)

Ce beau jour passa comme les plus tristes, puisque les plus radieux ont un lendemain, mais ce fut sans tristesse que je déposai ma couronne aux pieds de la Sainte Vierge, je sentais que le temps n'emporterait pas mon bonheur... Quelle belle fête que la nativité de Marie pour devenir l'épouse de Jésus ! C'était la petite Saine Vierge d'un jour qui présentait sa petite fleur au petit Jésus... ce jour-là tout était petit excepté les grâces et la paix que j'ai reçues, excepté la joie paisible que j'ai ressentie le soir, en regardant les étoiles scintiller au firmament, en pensant que bientôt le beau Ciel s'ouvrirait à mes yeux ravis et que je pourrais m'unir à mon Époux au sein d'une allégresse éternelle... Le 24 eut lieu la cérémonie de ma prise de voile il fut tout entier voilé de larmes... Papa n'était pas là pour bénir sa Reine... Le Père était au Canada... Monseigneur qui devait venir et dîner chez mon Oncle se trouva malade et ne vint pas non plus, enfin tout fut tristesse et amertume... Cependant la paix, toujours la paix, se trouvait au fond du calice... Ce jour-là Jésus permit que je ne puisse retenir mes larmes et mes larmes ne furent pas comprises... en effet j'avais supporté sans pleurer de bien plus grandes épreuves, mais alors j'étais aidée d'une grâce puissante ; au contraire le 24, Jésus me laissa à mes propres forces et je montrai combien elles étaient petites. Huit jours après ma prise de voile eut lieu le mariage de Jeanne. (NHA 807) Vous dire, ma Mère chérie, combien son exemple m'instruisit sur les délicatesses qu'une épouse doit prodiguer à son époux, cela me serait impossible ; j'écoutais avidement tout ce que je pouvais en apprendre, car je ne voulais pas faire moins pour mon Jésus bien-aimé que Jeanne pour Francis, une créature sans doute bien parfaite, mais enfin une créature...

Je m'amusai même à composer une lettre d'invitation afin de la comparer à la sienne, voici comment elle était conçue : Lettre d'Invitation aux Noces de sœur Thérèse de l'Enfant Jésus de la Sainte Face : Le Dieu Tout-Puissant, Créateur du Ciel et de la terre, Souverain Dominateur du Monde et la Très glorieuse Vierge Marie, Reine de la Cour céleste, veulent bien vous faire part du Mariage de leur Auguste Fils, Jésus, Roi des Rois et Seigneur des seigneurs, avec Mademoiselle Thérèse Martin, maintenant Dame et Princesse des royaumes apportés en dot par son Divin Époux, savoir : L'Enfance de Jésus et sa Passion, ses titres de noblesse étant : de l'Enfant Jésus et de la Sainte Face. Monsieur Louis Martin, Propriétaire et Maître des Seigneuries de la Souffrance et de l'Humiliation et Madame Martin, Princesse et Dame d'Honneur de la Cour Céleste, veulent bien vous faire part du Mariage de leur Fille, Thérèse, avec Jésus le Verbe de Dieu, (Jn 1,1-3) seconde Personne de l'Adorable Trinité qui par l'opération du Saint-Esprit s'est fait Homme et Fils de Marie, la Reine des Cieux. N'ayant pu vous inviter à la bénédiction Nuptiale qui leur a été donnée sur la montagne du Carmel, le 8 septembre 1890 (la cour céleste seule y étant admise) vous êtes néanmoins priés de vous rendre au Retour de Noces qui aura lieu Demain, Jour de l'Éternité, auquel jour Jésus, Fils de Dieu, viendra sur les Nuées du Ciel dans l'éclat de sa Majesté, pour juger les Vivants et les Morts. (Mt 25,31-40) L'heure étant encore incertaine, vous êtes invités à vous tenir prêts et à veiller. (Mt 24,42-44)

Maintenant, ma Mère chérie, que me reste-t-il à vous dire ?. Ah ! je croyais avoir fini mais je ne vous ai encore rien dit de mon bonheur d'avoir connu notre Sainte Mère Geneviève... C'est une grâce inappréciable que celle-là ; eh bien, le Bon Dieu qui m'en avait déjà tant accordé, a voulu que je vive avec une Sainte, non point inimitable, mais une Sainte sanctifiée par des vertus cachées et ordinaires... Plus d'une fois j'ai reçu d'elle de grandes consolations, surtout un dimanche. Me rendant comme à l'ordinaire afin de lui faire ma petite visite, je trouvai deux sœurs auprès de Mère Geneviève ; je la regardai en souriant et je m'apprêtais à sortir puisqu'on ne peut pas être trois auprès d'une malade, (NHA 808) mais elle, me regardant avec un air inspiré, me dit : " Attendez, ma petite fille, je vais seulement vous dire un petit mot. À chaque fois que vous venez, vous me demandez de vous donner un bouquet spirituel, eh bien, aujourd'hui je vais vous donner celui-ci : Servez Dieu avec paix et avec Joie, rappelez-vous, mon enfant, que notre Dieu, c'est le Dieu de la paix. " (NHA 809) (1Co 14,33) Après l'avoir simplement remerciée, je sortis émue jusqu'aux larmes et convaincue que le Bon Dieu lui avait révélé l'état de mon âme ; ce jour-là j'étais extrêmement éprouvée, presque triste, dans une nuit (MnA 368) telle que je ne savais plus si j'étais aimée du Bon Dieu, mais la joie et la consolation que je sentis, vous les devinez, ma Mère chérie !... Le dimanche suivant, je voulus savoir quelle révélation Mère Geneviève avait eue ; elle m'assura n'en avoir reçu aucune, alors mon admiration fut encore plus grande, voyant à quel degré éminent Jésus vivait en elle et la faisait agir et parler. Ah ! cette sainteté-là me paraît la plus vraie, la plus sainte et c'est elle que je désire car il ne s'y rencontre aucune illusion...

Le jour de ma profession je fus aussi bien consolée d'apprendre de la bouche de Mère Geneviève qu'elle avait passé par la même épreuve que moi avant de prononcer ses vœux... Au moment de nos grandes peines, vous vous rappelez, ma Mère chérie, les consolations que nous avons trouvées auprès d'elle ? Enfin le souvenir que Mère Geneviève a laissé dans mon cœur est un souvenir embaumé... Le jour de son départ pour le Ciel (NHA 810) je me suis sentie particulièrement touchée, c'était la première fois que j'assistais à une mort, vraiment ce spectacle était ravissant... J'étais placée juste au pied du lit de la sainte mourante, je voyais parfaitement ses plus légers mouvements. Il me semblait, pendant les deux heures que j'ai passées ainsi, que mon âme aurait dû se sentir remplie de ferveur, au contraire, une espèce d'insensibilité s'était emparée de moi, mais au moment même de la naissance au Ciel de notre Sainte Mère Geneviève, ma disposition intérieure a changé, en un clin d'œil je me suis sentie remplie d'une joie et d'une ferveur indicibles, c'était comme si Mère Geneviève m'avait donné une partie de la félicité dont elle jouissait car je suis bien persuadée qu'elle est allée droit au Ciel... Pendant sa vie je lui dis un jour : " O ma Mère ! vous n'irez pas en purgatoire !... " " Je l'espère " me répondit-elle avec douceur... Ah ! bien sûr que le Bon Dieu n'a pu tromper une espérance si remplie d'humilité, toutes les faveurs que nous avons reçues en sont la preuve... Chaque sœur s'empressa de réclamer quelque relique ; vous savez, ma Mère chérie, celle que j'ai le bonheur de posséder... Pendant l'agonie de Mère Geneviève, j'ai remarqué une larme scintillant à sa paupière, comme un diamant ; cette larme, la dernière de toutes celles qu'elle a répandues ne tomba pas, je la vis encore briller au chœur ans que personne pense à la recueillir. alors prenant un petit linge fin, j'osai m'approcher le soir sans être vue et prendre pour relique la dernière larme d'une Sainte... Depuis je l'ai toujours portée dans le petit sachet où mes vœux sont renfermés. Je n'attache pas d'importance à mes rêves, d'ailleurs j'en ai rarement de symboliques et je me demande même comment il se fait que pensant toute la journée au Bon Dieu, je ne m'en occupe pas davantage pendant mon sommeil... ordinairement je rêve les bois, les fleurs, les ruisseaux et la mer et presque toujours, je vois de jolis petits enfants, j'attrape des papillons et des oiseaux comme jamais je n'en ai vus. Vous voyez, ma Mère, que si mes rêves ont une apparence poétique, ils sont loin d'être mystiques... Une nuit après la mort de Mère Geneviève j'en fis un plus consolant : je rêvai qu'elle faisait son testament, donnant à chaque sœur une chose qui lui avait appartenu ; quand vint mon tour, je croyais ne rien recevoir, car il ne lui restait plus rien, mais se soulevant elle me dit par trois fois avec un accent pénétrant : " À vous, je laisse mon cœur. " Un mois après le départ de notre Sainte Mère, l'influenza se déclara dans la communauté j'étais seule debout avec deux autres sœurs, jamais je ne pourrai dire tout ce que j'ai vu, ce que m'a paru la vie et tout ce qui passe... Le jour de mes dix-neuf ans fut fêté par une mort, (NHA 811) bientôt suivie de deux autres. À cette époque j'étais seule à la sacristie, ma première d'emploi (NHA 812) étant très gravement malade, c'était moi qui devais préparer les enterrements, ouvrir les grilles du chœur à la messe, etc. Le Bon Dieu m'a donné bien des grâces de force à ce moment, je me demande maintenant comment j'ai pu faire sans frayeur tout ce que j'ai fait ; la mort régnait partout, les plus malades étaient soignées par celles qui se traînaient à peine, aussitôt qu'une sœur avait rendu le dernier soupir on était obligé de la laisser seule. Un matin en me levant, j'eus le pressentiment que Ste Madeleine était morte ; le dortoir était dans l'obscurité, personne ne sortait des cellules, enfin je me décidai à entrer dans celle de ma sœur Madeleine dont la porte était ouverte ; je la vis en effet, habillée et couchée sur sa paillasse, je n'eus pas la moindre frayeur. Voyant qu'elle n'avait pas de cierge j'allai lui en chercher, ainsi qu'une couronne de roses. Le soir de la mort de Mère Sous-Prieure (NHA 813) j'étais seule avec l'infirmière ; il est impossible de se figurer le triste état de la communauté à ce moment, celles qui étaient debout peuvent seules s'en faire une idée, mais au milieu de cet abandon, je sentais que le Bon Dieu veillait sur nous. C'était sans effort que les mourantes passaient à une vie meilleure, aussitôt après leur mort une expression de joie et de paix se répandait sur leurs traits, on aurait dit un doux sommeil ; c'en était bien un véritablement puisque après que la figure de ce monde aura passé, (1CO 7,31) elles se réveilleront pour jouir éternellement des délices réservées aux élus... Tout le temps que la communauté fut ainsi éprouvée, je pus avoir l'ineffable consolation de faire tous les jours la Ste Communion... Ah ! que c'était doux !... Jésus me gâta longtemps, plus longtemps que ses fidèles épouses, car il permit qu'on me Le donnât sans que les autres aient le bonheur de Le recevoir. J'étais aussi bien heureuse de toucher aux vases sacrés, de préparer les petits langes destinés à recevoir Jésus, je sentais qu'il me fallait être bien fervente et je me rappelais souvent cette parole adressée à un saint diacre : " Soyez saint, vous qui touchez les vases du Seigneur. " (NHA 814) (Is 52,11) Je ne puis pas dire que j'aie souvent reçu des consolations pendant mes actions de grâces, c'est peut-être le moment où j'en ai le moins... je trouve cela tout naturel puisque je me suis offerte à Jésus non comme une personne qui désire recevoir sa visite pour sa propre consolation, mais au contraire pour le plaisir de Celui qui se donne à moi. Je me figure mon âme comme un terrain libre et je prie la Ste Vierge d'ôter les décombres qui pourraient l'empêcher d'être libre, ensuite je la supplie de dresser elle-même une vaste tente digne du Ciel, de l'orner de ses propres parures et puis j'invite tous les Saints et les Anges à venir faire un magnifique concert. Il me semble lorsque Jésus descend dans mon cœur, qu'Il est content de se trouver si bien reçu et moi je suis contente aussi... Tout cela n'empêche pas les distractions et le sommeil de venir me visiter, mais au sortir de l'action de grâces voyant que je l'ai si mal faite je prends la résolution d'être tout le reste de la journée en action de grâces... Vous voyez, ma Mère chérie, que je suis loin d'être conduite par la voie de la crainte, je sais toujours trouver le moyen d'être heureuse et de profiter de mes misères... sans doute cela ne déplaît pas à Jésus, car Il semble m'encourager dans ce chemin. Un jour, contrairement à mon habitude, j'étais un peu troublée en allant à la Communion, il me semblait que le Bon Dieu n'était pas content de moi et je me disais : " Ah ! si je ne reçois aujourd'hui que la moitié d'une hostie, cela va me faire bien de la peine, je vais croire que Jésus vient comme à regret dans mon cœur. " Je m'approche... oh bonheur ! pour la première fois de ma vie, je vois le prêtre prendre deux hosties bien séparées et me les donner !... Vous comprenez ma joie et les douces larmes que j'ai répandues, en voyant une si grande miséricorde... L'année qui suivit ma profession, c'est-à-dire deux mois avant la mort de mère Geneviève, je reçus de grandes grâces pendant la retraite. (NHA 815) Ordinairement les retraites prêchées me sont encore plus douloureuses que celles que je fais toute seule, mais cette année-là il en fut autrement. J'avais fait une neuvaine préparatoire avec beaucoup de ferveur, malgré le sentiment intime que j'avais, car il me semblait que le prédicateur ne pourrait me comprendre, étant surtout destiné à faire du bien aux grands pécheurs mais pas aux âmes religieuses. Le Bon Dieu voulant me montrer que c'était Lui seul le directeur de mon âme se servit justement de ce Père qui ne fut apprécié que de moi... J'avais alors de grandes épreuves intérieures de toutes sortes (jusqu'à me demander parfois s'il y avait un Ciel.) Je me sentais disposée à ne rien dire de mes dispositions intimes, ne sachant comment les exprimer, mais à peine entrée dans le confessionnal je sentis mon âme se dilater. Après avoir dit peu de mots, je fus comprise d'une façon merveilleuse et même devinée... mon âme était comme un livre dans lequel le Père lisait mieux que moi-même... Il me lança à pleines voiles sur les flots de la confiance et de l'amour qui m'attiraient si fort mais sur lesquels je n'osais avancer... Il me dit que mes fautes ne faisaient pas de peine au Bon Dieu, que tenant sa place, il me disait de sa part qu'Il était très content de moi... Oh ! que je fus heureuse en écoutant ces consolantes paroles !... Jamais je n'avais entendu dire que les fautes pouvaient ne pas faire de peine au bon Dieu, cette assurance me combla de joie, elle me fit supporter patiemment l'exil de la vie... Je sentais bien au fond de mon cœur que c'était vrai car le Bon Dieu est plus tendre qu'une Mère, eh bien, vous, ma Mère chérie, n'êtes-vous pas toujours prête à me pardonner les petites indélicatesses que je vous fais involontairement ?... Que de fois n'en ai-je pas fait la douce expérience !... Nul reproche ne m'aurait autant touchée qu'une seule de vos caresses. Je suis d'une nature telle que la crainte me fait reculer ; avec l'amour non seulement j'avance mais je vole... O ma Mère ce fut surtout depuis le jour béni de votre élection (NHA 816) que je volai dans les voies de l'amour... Ce jour-là, Pauline devint mon Jésus vivant... Elle devint pour la seconde fois : " Maman !... "

Depuis longtemps déjà, j'ai le bonheur de contempler les merveilles que Jésus opère par le moyen de ma Mère chérie... Je vois que la souffrance seule peut enfanter les âmes et plus que jamais ces sublimes paroles de Jésus me dévoilent leur profondeur : " En vérité, en vérité, je vous le dis, si le grain de blé étant tombé à terre ne vient à mourir il demeure seul, mais s'il meurt il rapporte beaucoup de fruits. " (NHA 817) (Jn 12,24-25) Quelle abondante moisson n'avez-vous pas récoltée !... Vous avez semé dans les larmes, mais bientôt vous verrez le fruit de vos travaux, vous reviendrez remplie de joie portant des gerbes en vos mains... (NHA 818) (Ps 126,5-6) O ma Mère, parmi ces gerbes fleuries, la petite fleur blanche se tient cachée mais au Ciel elle aura une voix pour chanter votre douceur et les vertus qu'elle vous voit pratiquer chaque jour dans l'ombre et le silence de la vie d'exil... Oui depuis deux ans, j'ai compris bien des mystères jusque-là cachés pour moi. Le bon Dieu m'a montré la même miséricorde qu'Il montra au roi Salomon. Il n'a pas voulu que j'aie un seul désir qui ne soit rempli, non seulement mes désirs de perfection, mais encore ceux dont je comprenais la vanité, sans l'avoir expérimentée. Vous ayant toujours, ma Mère chérie, regardée comme mon idéal, je désirais vous ressembler en tout ; vous voyant faire de belles peintures et de ravissantes poésies, je me disais : " Ah ! que je serais heureuse de pouvoir peindre, de savoir exprimer mes pensées en vers et de faire aussi du bien aux âmes... " Je n'aurais pas voulu demander ces dons naturels et mes désirs restaient cachés au fond de mon cœur. Jésus caché lui aussi dans ce pauvre petit cœur se plut à lui montrer que tout est vanité et affliction d'esprit sous le soleil. (NHA 819) (Qo 2,11) Au grand étonnement des sœurs, on me fit peindre et le Bon Dieu permit que je sache profiter des leçons que ma Mère chérie me donna... Il voulut encore que je puisse à son exemple faire des poésies, composer des pièces qui furent trouvées jolies... De même que Salomon se tournant vers les ouvrages de ses mains, où il avait pris une peine si inutile, vit que tout est vanité et affliction d'esprit, (Qo 2,11) de même, j'ai reconnu par EXPÉRIENCE que le bonheur ne consiste qu'à se cacher, à rester dans l'ignorance des choses créées. J'ai compris que sans l'amour, toutes les œuvres ne sont que néant, même les plus éclatantes, comme de ressusciter les morts ou de convertir les peuples... (1Co 11,1-4) Au lieu de me faire du mal, de me porter à la vanité, les dons que le Bon Dieu m'a prodigués (sans que je les lui demande) me portent vers Lui, je vois que Lui seul est immuable, que Lui seul peut remplir mes immenses désirs... Il est encore d'autres désirs d'un autre genre, que Jésus s'est plu à combler, désirs enfantins semblables à ceux de la neige de ma prise d'habit. Vous savez, ma Mère chérie, combien j'aime les fleurs ; en me faisant prisonnière à quinze ans, je renonçai pour toujours au bonheur de courir dans les campagnes émaillées des trésors du printemps ; eh bien ! jamais je n'ai possédé plus de fleurs que depuis mon entrée au Carmel... Il est d'usage que les fiancés offrent souvent des bouquets à leurs fiancées, Jésus ne l'oublia pas, il m'envoya à foison des gerbes de bluets, grandes pâquerettes, coquelicots, etc. toutes les fleurs qui me ravissent le plus. Il y avait même une petite fleur appelée la Nielle des blés, que je n'avais pas trouvée depuis notre séjour à Lisieux, je désirais beaucoup la revoir, cette fleur de mon enfance cueillie par moi dans les campagnes d'Alençon ; ce fut au Carmel qu'elle vint me sourire et me montrer que dans les plus petites choses comme dans les grandes, le Bon Dieu donne le centuple dès cette vie aux âmes qui pour son amour ont tout quitté. " (NHA 820) (Mt 19,29) Mais le plus intime de mes désirs, le plus grand de tous, que je pensais ne jamais voir se réaliser, était l'entrée de ma Céline chérie dans le même Carmel que nous... ce rêve ne me semblait invraisemblable : vivre sous le même toit, partager les joies et les peines de la compagne de mon enfance ; aussi j'avais fait complètement mon sacrifice, j'avais confié à Jésus l'avenir de ma sœur chérie étant résolue à la voir partir au bout du monde s'il le fallait. La seule chose que je ne pouvais accepter, c'était qu'elle ne soit pas l'épouse de Jésus, car j'aimais autant que moi-même, il m'était impossible de la voir donner son cœur à un mortel. J'avais déjà beaucoup souffert en la sachant exposée dans le monde à des dangers qui m'avaient été inconnus. Je puis dire que mon affection pour Céline était depuis mon entrée au Carmel un amour de mère autant que de sœur... Un jour qu'elle devait aller en soirée (NHA 821) cela me faisait tant de peine que je suppliai le Bon Dieu de l'empêcher de danser et même (contre mon habitude) je versai un torrent de larmes. Jésus daigna m'exaucer. Il ne permit pas que sa petite fiancée pût danser ce soir-là (quoiqu'elle ne fût pas embarrassée pour le faire gracieusement lorsqu'il était nécessaire). Ayant été invitée sans qu'elle pût refuser, son cavalier se trouva dans l'impuissance totale de la faire danser ; à sa grande confusion, il fut condamné à marcher simplement pour la reconduire à sa place puis il s'esquiva et ne reparut pas de la soirée. Cette aventure, unique en son genre, me fit grandir en confiance et en l'amour de Celui qui posant son signe sur mon front, l'avait en même temps imprimé sur celui de ma Céline chérie... Le 20 juillet de l'année dernière, le Bon Dieu rompant les liens de son incomparable serviteur (NHA 822) (Ps 116,16) et l'appelant à la récompense éternelle, rompit en même temps ceux qui retenaient au monde sa fiancée chérie, elle avait rempli sa première mission ; chargée de nous représenter toutes auprès de notre Père si tendrement aimé, cette mission elle l'avait accomplie comme un ange... et les anges ne restent pas sur la terre, lorsqu'ils ont accompli la volonté du

Bon Dieu, ils retournent aussitôt vers lui, c'est pour cela qu'ils ont des ailes... Notre ange aussi secoua ses ailes blanches, il était prêt à voler bien loin pour trouver Jésus, mais Jésus le fit voler tout près... Il se contenta de l'acceptation du grand sacrifice qui fut bien douloureux pour la petite Thérèse... Pendant deux ans sa Céline lui avait caché un secret (NHA 823) Ah ! qu'elle avait souffert elle aussi !... Enfin du haut du Ciel, mon Roi chéri, qui sur la terre n'aimait pas les lenteurs, se hâta d'arranger les affaires si embrouillées de sa Céline et le 14 Septembre elle se réunissait à nous !... Un jour que les difficultés semblaient insurmontables, je dis à Jésus pendant mon action de grâces : " Vous savez, mon Dieu, combien je désire savoir si Papa est allé tout droit au Ciel, je ne vous demande pas de me parler, mais donnez-moi un signe. Si ma sœur Aimée de Jésus (NHA 824) consent à l'entrée de Céline ou n'y met pas d'obstacle, ce sera la réponse que Papa est allé tout droit avec vous. " Cette sœur, comme vous le savez, ma Mère chérie, trouvait que nous étions déjà trop de trois et par conséquent ne voulait pas en admettre une autre, mais le Bon Dieu, qui tient en sa main le cœur des créatures et l'incline comme il veut, (Pr 21,1) changea les dispositions de la sœur ; la première personne que je rencontrai après l'action de grâces, ce fut elle qui m'appela d'un air aimable, me dit de monter chez vous et me parla de Céline, les larmes aux yeux... Ah ! combien de sujets n'ai-je pas de remercier Jésus qui sut combler tous mes désirs !... Maintenant, je n'ai plus aucun désir, si ce n'est celui d'aimer Jésus à la folie... Mes désirs enfantins sont envolés, sans doute j'aime encore à parer de fleurs l'autel du Petit Jésus, mais depuis qu'il m'a donné la Fleur que je désirais, ma Céline chérie, je n'en désire plus d'autre, c'est elle que je lui offre comme mon plus ravissant bouquet... Je ne désire pas non plus la souffrance, ni la mort, et cependant je les aime toutes les deux, mais c'est l'amour seul qui m'attire... Longtemps je les ai désirées ; j'ai possédé la souffrance et j'ai cru toucher au rivage du Ciel, j'ai cru que la petite fleur serait cueillie en son printemps... maintenant c'est l'abandon seul qui me guide, je n'ai point d'autre boussole !... Je ne puis plus rien demander avec ardeur, excepté l'accomplissement parfait de la volonté du Bon Dieu (Mt 6,10) sur mon âme sans que les créatures puissent y mettre obstacle. Je puis dire ces paroles du cantique spirituel de Notre Père St Jean de la Croix ; " Dans le cellier intérieur de mon Bien-Aimé, j'ai bu et quand je suis sortie, dans toute cette plaine je ne connaissais plus rien et je perdis le troupeau que je suivais auparavant... Mon âme s'est employée avec toutes ses ressources à son service, je ne garde plus de troupeau, je n'ai plus d'autre office, parce que maintenant tout mon exercice est d'AIMER !... " (NHA 925) ou bien encore : " Depuis que j'en ai l'expérience, l'amour est si puissant en œuvres qu'il sait tirer profit de tout, du bien et du mal qu'il trouve en moi, et transformer mon âme en SOI " (NHA 826) O ma Mère chérie ! qu'elle est douce la voie de l'amour. Sans doute, on peut bien tomber, on peut commettre des infidélités, mais, l'amour sachant tirer profit de tout, a bien vite consumé tout ce qui peut déplaire à Jésus, ne laissant qu'une humble et profonde paix au fond du cœur... Ah ! que de lumières n'ai-je pas puisées dans les œuvres de notre Père Saint Jean de la Croix !... A l'âge de dix-sept et dix-huit ans je n'avais pas d'autre nourriture spirituelle, mais plus tard tous les livres me laissèrent dans l'aridité et je suis encore dans cet état. Si j'ouvre un livre composé par un auteur spirituel (même le plus beau, le plus touchant), je sens aussitôt mon cœur se serrer et je lis sans pour ainsi dire comprendre, ou si je comprends, mon esprit s'arrête sans pouvoir méditer... Dans cette impuissance, l'écriture Sainte et l'Imitation viennent à mon secours ; en elles je trouve une nourriture solide et toute pure. Mais c'est par-dessus tout l'Évangile qui m'entretient pendant mes oraisons, en lui je trouve tout ce qui est nécessaire à ma pauvre petite âme. J'y découvre toujours de nouvelles lumières, des sens cachés et mystérieux... Je comprends et je sais par expérience " Que le royaume de Dieu est au-dedans de nous. " (NHA 827) (Lc 17,21) Jésus n'a point besoin de livres ni de docteurs pour instruire les âmes ; Lui, le Docteur des docteurs, il enseigne sans bruit de paroles... (NHA 828) Jamais je ne l'ai entendu parler, mais je sens qu'Il est en moi, à chaque instant, Il me guide et m'inspire ce que je dois dire ou faire. Je découvre juste au moment où j'en ai besoin des lumières que je n'avais pas encore vues, ce n'est pas le plus souvent pendant mes oraisons qu'elles sont le plus abondantes, c'est plutôt au milieu des occupations de ma journée... O ma Mère chérie ! après tant de grâces ne puis-je pas chanter avec le psalmiste : " Que le Seigneur est BON, que sa MISÉRICORDE est éternelle. " (NHA 829) (Ps 118,1) Il me semble que si toutes les créatures avaient les mêmes grâces que moi, le Bon Dieu ne serait craint de personne, mais aimé jusqu'à la folie, et que par amour, et non pas en tremblant, jamais aucune âme ne consentirait à Lui faire de la peine... Je comprends cependant que toutes les âmes ne peuvent pas se ressembler, il faut qu'il y en ait de différentes familles afin d'honorer spécialement chacune des perfections du Bon Dieu. À moi Il a donné sa Miséricorde infinie c'est à travers elle que je contemple et adore les autres perfections Divines !... Alors toutes m'apparaissent rayonnantes d'amour, la Justice même (et peut-être encore plus que toute autre) me semble revêtue d'amour... Quelle douce joie de penser que le Bon Dieu est juste, c'est-à-dire qu'Il tient compte de nos faiblesses, qu'Il connaît parfaitement la fragilité de notre nature. De quoi donc aurais-je peur ? Ah ! le Dieu infiniment juste qui daigna pardonner avec tant de bonté toutes les fautes de l'enfant prodigue, (Lc 15,21-24) ne doit-Il pas être juste aussi envers moi qui " suis toujours avec Lui ?... (NHA 830) (Lc 15,31) Cette année, le 9 juin, fête de la Sainte Trinité, j'ai reçu la grâce de comprendre plus que jamais combien Jésus désire être aimé. (NHA 831) Je pensais aux âmes qui s'offrent comme victimes à la Justice de Dieu afin de détourner et d'attirer sur elles es châtiments réservés aux coupables, cette offrande me semblait grande et généreuse, mais j'étais loin de me sentir portée à la faire. " O mon Dieu ! m'écriai-je au fond de mon cœur, n'y aura-t-il que votre Justice qui recevra des âmes s'immolant en victimes ?... Votre Amour Miséricordieux n'en a-t-il pas besoin lui aussi ?... De toutes parts il est méconnu, rejeté ; les cœurs auxquels vous désirez le prodiguer se tournent vers les créatures leur demandant le bonheur avec leur misérable affection, au lieu de se jeter dans vos bras et d'accepter votre Amour infini... O mon Dieu ! votre Amour méprisé va-t-il rester en votre cœur ? Il me semble que si vous trouviez des âmes s'offrant en Victimes d'holocaustes à votre Amour, vous les consumeriez rapidement, il me semble que vous seriez heureux de ne point comprimer les flots d'infinies tendresses qui sont en vous... Si votre Justice aime à se décharger, elle qui ne s'étend que sur la terre, combien plus votre Amour Miséricordieux désire-t-il embraser les âmes, puisque votre Miséricorde s'élève jusqu'aux Cieux... (NHA 832) O mon Jésus ! que ce soit moi cette heureuse victime, consumez votre holocauste par le feu de votre Divin Amour !... " (Ps 36,6) Ma Mère chérie, vous qui m'avez permis de m'offrir ainsi au Bon Dieu, vous savez les fleuves ou plutôt les océans de grâces qui sont venus inonder mon âme... Ah ! depuis cet heureux jour, il me semble que l'Amour me pénètre et m'environne, il me semble qu'à chaque instant cet Amour Miséricordieux me renouvelle, purifie mon âme et n'y laisse aucune trace de péché, aussi je ne puis craindre le purgatoire... Je sais que par moi-même je ne mériterais pas même d'entrer dans ce lieu d'expiation, puisque les âmes saintes peuvent seules y avoir accès, mais je sais aussi que le Feu de l'Amour est plus sanctifiant que celui du purgatoire, je sais que Jésus ne peut désirer pour nous de souffrances inutiles et qu'Il ne m'inspirerait pas les désirs que je ressens, s'Il ne voulait les combler... Oh ! qu'elle est douce la voie de l'Amour !... Comme je veux m'appliquer à faire toujours avec le plus grand abandon, la volonté du Bon Dieu !... (Mt

6,10) Voilà, ma Mère chérie, tout ce que je puis vous dire de la vie de votre petite Thérèse, vous connaissez bien mieux par vous-même, ce qu'elle est et ce que Jésus a fait pour elle, aussi vous me pardonnerez d'avoir beaucoup abrégé l'histoire de sa vie religieuse... Comment s'achèvera-t-elle, cette " histoire d'une petite fleur blanche ? " Peut-être la petite fleur sera-t-elle cueillie dans sa fraîcheur ou bien transplantée sur d'autres rivages... (NHA 833) Je l'ignore, mais ce dont je suis certaine, c'est que la Miséricorde du Bon Dieu l'accompagnera toujours, (Ps 23,6) c'est que jamais elle ne cessera de bénir la Mère chérie qui l'a donnée à Jésus ; éternellement elle se réjouira d'être une des fleurs de sa couronne... Éternellement elle chantera avec cette Mère chérie le cantique toujours nouveau de l'Amour... (Ap 14,3)

EXPLICATION DES ARMOIRIES.

Le blason JHS est celui que Jésus a daigné apporter en dot à sa pauvre petite épouse. L'orpheline de la Bérésina (NHA 834) est devenue Thérèse de l'ENFANT Jésus et de la SAINTE FACE, ce sont là ses titres de noblesse, sa richesse et son espérance. La Vigne qui sépare en deux le blason est encore la figure de Celui qui daigna nous dire : " Je suis la Vigne et vous êtes les branches, je veux que vous me rapportiez beaucoup de fruits " (NHA 835) (Jn 15,5) Les deux rameaux entourant, l'un la Ste Face, l'autre le petit Jésus sont l'image de Thérèse qui n'a qu'un désir ici-bas : celui de s'offrir comme une petite grappe de raisin pour rafraîchir Jésus enfant, l'amuser, se laisser presser par Lui au gré de ses caprices et de pouvoir aussi étancher la soif ardente qu'Il ressentit pendant sa passion. (Jn 19,28) La harpe représente encore Thérèse qui veut sans cesse chanter à Jésus des mélodies d'amour. Le blason FMT est celui de Marie-Françoise-Thérèse, la petite fleur de la Sainte Vierge, aussi cette petite fleur est-elle représentée recevant les rayons bienfaisants de la Douce Étoile du matin. La terre verdoyante représente la famille bénie au sein de laquelle la fleurette a grandi ; plus loin on voit une montagne qui représente le Carmel. C'est en ce lieu béni que Thérèse a choisi pour figurer en ses armoiries le dard enflammé de l'amour qui doit lui mériter la palme du martyre en attendant qu'elle puisse véritablement donner son sang pour Celui qu'elle aime. Car pour répondre à tout l'amour de Jésus elle voudrait faire pour Lui ce qu'Il a fait pour elle... mais Thérèse n'oublie pas qu'elle n'est qu'un faible roseau aussi l'a-t-elle placé sur son blason. Le triangle lumineux représente l'adorable Trinité qui ne cesse de répandre ses dons inestimables sur l'âme de la pauvre petite Thérèse, aussi dans sa reconnaissance elle n'oubliera jamais cette devise : " L'Amour ne se paie que par l'Amour. " (NHA 836)